EL SECRETO

EL SECRETO

Lo que hacen y saben los grandes líderes

Ken Blanchard
y Mark Miller

GRUPO NELSON
Desde 1798

© 2020 por Grupo Nelson
Publicado en Nashville, Tennessee, Estados Unidos de América.
Grupo Nelson es una marca registrada de Thomas Nelson.
www.gruponelson.com

Originalmente publicado en español por:
© 2018, HarperCollins México, S.A. de C.V.
Publicado por HarperCollins México
Tampico No. 42, 6°. Piso
06700, Ciudad de México.

Título en inglés: *The Secret. What Great Leaders Know and Do.*

First Published by Berrett-Koehler Publishers, Inc., San Francisco, CA, USA.
All Rights Reserved.

Copyright © 2004, 2009, 2014 by Blanchard Family Partnership and Mark Miller.

Traducción al español: Zaira Eliette Espinosa.
Revisión de la traducción: Mariana Flores Monroy.
Diseño de forros: Fabiola Rodríguez.
Diseño de interiores: Ricardo Gallardo Sánchez.

ISBN: 978-1-40033-292-2

20 21 22 23 24 LSC 9 8 7 6 5 4 3 2 1

Este libro está dedicado
a la siguiente generación de líderes

Índice

11 | *Prólogo,* por John Maxwell

13 | La oportunidad
21 | La junta
35 | El secreto
47 | Un enfoque diferente
51 | ¿Hacia dónde vas?
63 | ¿Qué es más importante?
69 | Una plática interesante
85 | Una visión con impacto
95 | ¿Cómo podría mejorar?
103 | ¿Qué es el éxito?
113 | Credibilidad
127 | Liderar es servir
133 | Recapitulemos
141 | Pasar la batuta

147 | *Recursos*

159 | *Preguntas frecuentes sobre* El secreto

167 | *Agradecimientos*

169 | *Sobre los autores*

173 | *Servicios disponibles*

Prólogo

¡Todo surge en el liderazgo y recae en él! Por eso he sido estudiante, practicante y defensor del liderazgo durante más de 30 años. Por eso también me complace presentar esta edición de El secreto. *Lo que hacen y saben los grandes líderes*. Desde su publicación inicial, en 2004, este libro se ha traducido a más de 20 idiomas y ha vendido medio millón de ejemplares en todo el mundo. Claramente, la obra ha tocado una fibra sensible en un mundo hambriento de ideas efectivas sobre este importante tema. No me sorprende que El *secreto* se haya convertido en un éxito editorial. De hecho, cuando me enteré de que Ken y Mark colaboraban en este proyecto, supe que triunfarían. Éste es el porqué.

Ken ha estudiado y escrito sobre liderazgo durante cuatro décadas. Basta con mirar esta lista de títulos: *El ejecutivo al minuto, Liderazgo y el ejecutivo al minuto ¡a la carga!, Clientes incondicionales* y ¡Bien hecho! La lista podría seguir y seguir, y estoy seguro de que has oído hablar de esos libros (espero que hayas leído algunos también). Ken ha vendido más de 20 millones de ejemplares, y lo que falta. Es uno de los pocos autores en la historia con cuatro títulos en la lista de los más vendidos de la revista *Business Week* al mismo tiempo. Ken ha ayudado a moldear la forma en que nuestra generación lidera.

Mark ha tomado un camino diferente. Durante más de 35 años ha formado parte del equipo que encabeza una de las grandes organizaciones de Estados Unidos: Chick-fil-A, Inc., establecida en Atlanta, Georgia. Chick-fil-A es una compañía de restaurantes de comida rápida con más de 1 700 sucursales y cuyas ventas suman más de 5 000 millones de dólares al año. Actualmente, Mark es vicepresidente de efectividad organizacional. He tenido el privilegio de hablar en la reunión anual de la compañía en dos ocasiones, y ¡sí que lo entienden!

El secreto no es secreto en esta organización. Está en el corazón de su éxito.

Mi reto para ti es simple: aprender de *El secreto* y ponerlo en práctica. Si lo haces, tu liderazgo y tu vida se transformarán para siempre.

JOHN C. MAXWELL
Autor de best-sellers,
conferencista y experto en liderazgo

La oportunidad

¿Cómo puede ser tan difícil el liderazgo? Hace un año fue el día más feliz de mi vida; ¡al fin lo había logrado! A tan sólo cuatro años de haber terminado la universidad, mi compañía me reubicó en una posición de liderazgo: directora del corporativo de servicios al cliente en la región sureste de ventas. Supe que podía manejarlo, pues comencé en el centro de llamadas, recopilando peticiones y quejas de los clientes; luego me promovieron a directora de proyecto, puesto en el que trabajé de cerca con el área de ventas y los clientes corporativos. Cualquier cosa que nuestros vendedores prometieran a los clientes, yo la hacía posible. Y, modestia aparte, era buena para conseguir lo que los clientes corporativos necesitaban, cuando y donde lo necesitaban. Obtuve todo tipo de reconocimientos por desarrollar una relación sobresaliente con los clientes; estaba segura de que podía lograr que mi equipo hiciera lo mismo.

Hace un año me encontraba en la cima del mundo; hoy podría perder el trabajo. ¿Qué pasó? ¿Cuál fue mi error?

Con estos pensamientos en mente, Debbie Brewster llegó al estacionamiento de la biblioteca pública. Sabía que nunca podría tener un día sin interrupciones en la oficina; además, su jefe siempre la alentaba para que se tomara un tiempo cada mes con el fin de tomar distancia y analizar los sucesos, afirmar aquello en lo que estaba trabajando y realizar los ajustes necesarios.

Ella siempre estaba muy ocupada para hacerlo, pero esa vez era diferente. Tiempos radicales requieren medidas radicales.

Mientras Debbie entraba en la biblioteca, pasaron por su mente viejos recuerdos de su carrera, no muy brillante por cierto. El olor a humedad de los libros viejos era más fuerte que nunca; la iluminación estaba igual que siempre, un poco oscura. *¿Por qué las bibliotecas no están mejor iluminadas?*

Debbie se acercó a la bibliotecaria y dijo:

—Hola. Busco un lugar donde trabajar; que tenga mucha luz, si es posible.

—Por supuesto —contestó la mujer con una sonrisa—. ¿Necesitarás algún material en particular?

—No, muchas gracias. Sólo requiero un lugar tranquilo por unas cuantas horas; tengo algunas cuestiones empresariales por resolver.

—Si necesitas algo, házmelo saber —ofreció la bibliotecaria, y condujo a Debbie hacia una mesa ubicada en una esquina con dos grandes ventanales a cada lado.

Debbie se sentó, sacó su computadora portátil y comenzó su labor. *Primero necesito tener bien clara mi situación actual. Después trataré de determinar cómo me metí en este desastre.*

Situación actual

Retroalimentación de vendedores	La peor en las siete regiones de ventas
Satisfacción del cliente	La peor en las siete regiones de ventas
Porcentaje de beneficios	Por debajo de la meta
Gestión de costos	Conforme a la meta
Satisfacción de los empleados	Significativamente menor que cuando me hice cargo del equipo
Rotación	Perdí 4 de los 10 miembros de mi equipo en menos de un año, lo cual es un problema

Bien; eso es lo que hay por ahora. ¿Cómo empeoraron tan rápido las cosas? Debbie pensó en lo que había ocurrido en los últimos 12 meses.

¿Qué sucesos habían contribuido a que su equipo tuviera un desempeño tan mediocre?

Sucesos clave

1 de junio	Me nombraron jefa del equipo
15 de junio	Primera junta; conflicto por cambios que quise que el equipo llevara a cabo
Julio	Apoyé una mala decisión de Bob, quien era nuevo en la compañía
Agosto	Hubo recorte de gastos para aumentar la rentabilidad
Septiembre	Dos nuevas incorporaciones: Brenda (buena opción) y Charles (en espera de ver su desempeño)
Octubre	Se perdió un cliente importante debido al servicio deficiente del equipo
Noviembre	Bob fue despedido. El equipo parecía muy desunido
Diciembre	Los resultados del cierre del año reflejaron un descenso significativo en el desempeño del equipo en comparación con el año anterior
Enero	Se analizó el desempeño de los miembros del equipo. A cada uno se le exigió mejorar o, de lo contrario, abandonar el puesto
Febrero	Se perdieron dos clientes más, por la misma razón que antes
Mayo	Las juntas se cancelaron hasta nuevo aviso. Me concentro en mejorar los resultados

¡Caray! Sin duda fue un mal año; sólo basta ver todas las cosas que ocurrieron. Por desgracia, saber que "las cosas pasaron de esa manera" no es lo que necesito para cambiar la situación.

El sombrío pensamiento de Debbie fue interrumpido por la bibliotecaria.

—¿Cómo va el trabajo? ¿Todo está bien?

—No exactamente. Ya evalué mi situación actual, pero no sé qué debo hacer ahora —admitió Debbie.

—Tal vez pueda ayudarte —dijo la bibliotecaria.

Debbie se sorprendió por el comentario, pero trató de disimular.

—Bueno, gracias... Aunque no estoy segura de que puedas hacer algo por mí. Es un problema complejo.

—Oh, no quise decir que podría ayudarte personalmente —aclaró la mujer de manera paciente—. Tenemos a nuestra disposición material relacionado con negocios. ¿Cuál es el problema que quieres resolver?

—En la compañía donde trabajo solemos ver los problemas como oportunidades —explicó Debbie.

—Bueno, ¿cuál es la oportunidad? —insistió la mujer con una sonrisa.

—Creo que, en resumen, puedo decir que tengo la oportunidad de mejorar el desempeño de mi equipo.

—¿Sabes cuál es la causa de los problemas en su desempeño?

Debbie pensó antes de contestar.

—No estoy segura. Enumeré todos los sucesos clave del año pasado y varios factores que pudieron haber contribuido, pero...

—Pero ¿qué? —preguntó la mujer.

—Tengo la sensación de que tal vez yo sea parte importante del problema. He sido la jefa del equipo durante casi un año, y no tengo entrenamiento ni experiencia previa. —Debbie pensó: *No puedo creer que me esté desahogando con la bibliotecaria.*

—Contamos con material sobre el desarrollo del liderazgo —ofreció la bibliotecaria.

—Desarrollo del liderazgo... —repitió Debbie.

—Así es. Acabas de decir que tal vez seas parte del problema.

—Creo haber dicho que soy uno de los factores, pero el verdadero problema es el desempeño. —Debbie notó que estaba a la defensiva. Una cosa era que ella misma admitiera ser parte del problema, y otra que alguien más se lo dijera.

La bibliotecaria retrocedió.

—De acuerdo, te dejaré sola para que trabajes en ello.

Mientras la mujer se alejaba, Debbie reconsideró. *Quizá haya algunos trucos nuevos de liderazgo que puedo aprender.* A esas alturas, ¿qué podía perder? Sólo su trabajo y su sueño.

—¡Espera! —exclamó—. Lo siento. Me puse a la defensiva; he estado bajo mucha presión.

La mujer regresó con una sonrisa llena de comprensión.

—Está bien.

—¿Dónde está ese material del que me hablaste? —preguntó Debbie con alivio, al ver que la bibliotecaria aún estaba en disposición de ayudarla.

—Sígueme. —La bibliotecaria condujo a Debbie a la computadora más cercana y juntas buscaron en el catálogo, el cual incluía títulos como éstos:

* *El poder de una retroalimentación de 360 grados*
* *Planes de desarrollo funcionales*
* *Líderes asesorando líderes*
* *¿Qué hacen los líderes?*

Mientras realizaba su búsqueda, Debbie se percató de que la palabra *asesorar* se repetía varias veces; de hecho, aparecía prácticamente en cada resultado. Fue entonces cuando comprendió.

—Disculpa —dijo.

Regresó a su computadora portátil y abrió su correo electrónico. Estaba segura de haber visto un mensaje relacionado con *asesorar*. Decía:

Para: Todos los supervisores y directores
De: Melissa Arnold
Asunto: Oportunidades de asesoramiento
Fecha: 23 de mayo

Como se señaló en el plan anual, apoyar a la actual y la siguiente generaciones de líderes será una de nuestras prioridades este y los años por venir. Creemos que para ayudar a nuestros nuevos líderes es necesario establecer un programa formal de asesoría en la organización. Queremos dejar en claro que este programa es opcional. Quien esté interesado en participar necesita entregarme una solicitud antes del 1 de junio.

Si requieren información adicional, habrá una sesión de "Aprenda mientras almuerza" el viernes 28 de mayo, en el salón de conferencias ubicado en el cuarto piso, de 12:15 a 1:00 de la tarde. Favor de traer su propio almuerzo.

Ésta puede ser la respuesta —pensó Debbie—. Estoy segura de que un asesor de la empresa ayudará a resolver los problemas en mi área; es posible que diagnostique el problema y me diga cómo arreglarlo en una junta o dos. Además, se vería bien que en mi currículum diga que me asesoró un ejecutivo.

Un recordatorio apareció en su mente. *¡Hoy es 28! Me perdí la junta informativa. Sin embargo, si me voy ahora podría pasar a la oficina, tomar una solicitud, llenarla este fin de semana y entregarla el lunes por la mañana, antes de la fecha límite.*

Debbie tomó sus pertenencias y se dirigió a la salida de la biblioteca.

—Gracias por tu ayuda —dijo a la bibliotecaria mientras salía.

—Cuando gustes —contestó la mujer sonriendo—. ¡Buena suerte!

La junta

El siguiente sábado, John, el esposo de Debbie, la invitó a jugar tenis con unos amigos, pero ella no aceptó con el fin de poder trabajar en la solicitud de asesoría.

—Gracias por la invitación, cielo, pero quiero entregar este papeleo el lunes, que es la fecha límite —dijo.

La solicitud contenía las usuales preguntas demográficas, pero también incluía algunas preguntas personales y varias inesperadamente complejas sobre por qué quería estar en el programa. La pregunta final hizo que se detuviera a pensar.

¿Qué es un líder?

Debbie sospechó que una buena respuesta a esta interrogante simple y directa la ayudaría a entrar en el programa. Intentó articular sus palabras un buen rato; sintió que debía saber qué contestar, pues ser una líder había sido el objetivo principal de su carrera. Sin embargo, nunca le había dado tanta importancia al significado del liderazgo. Sus primeros intentos fueron torpes o simplistas:

Un líder es la persona a cargo.
Un líder es la persona con quien otros se reportan.
Un líder es quien hace que las cosas sucedan.

Aunque Debbie creía que cada uno de los enunciados era verdadero, no estaba satisfecha. Tenía la incómoda sensación de que había una respuesta correcta, pero no tenía idea de cuál era; era el mismo sentimiento que experimentó cuando se le ocurrió que tal vez ella era parte de los problemas de desempeño de su equipo. No obstante, se estaba haciendo tarde y debía entregar la solicitud la mañana del lunes. Aún indecisa, al final escribió estas palabras:

Un líder es una persona en una posición de autoridad,
y es responsable de los resultados de quienes
están bajo su dirección.

• • •

El lunes por la mañana, Debbie se dirigió a recursos Humanos con su solicitud en mano. Se sorprendió, pero también se sintió complacida cuando la saludó Melissa Arnold, la jefa del departamento.

—Hola. Soy Debbie Brewster, directora del corporativo de servicios al cliente en la región sureste de ventas —dijo, extendiendo la mano.

—Sí, Debbie. Es bueno verla de nuevo —contestó Melissa, estrechando la mano que se le ofrecía—. Creo que nos conocimos en el picnic de la compañía, hace algunos años. ¿Aún juegan golf su esposo y usted?

Debbie estaba asombrada: no recordaba el picnic de hacía dos años, ni mucho menos haber conocido a Melissa ahí. *¿Cómo…? No, ¿por qué se acuerda de que John y yo jugamos golf? No sé lo que los integrantes de mi equipo hacen cuando no están en el trabajo, y ni hablar de los intereses de sus parejas.*

—¡Qué buena memoria! Sí, aún jugamos, aunque no tanto como antes de que me convirtiera en la líder del equipo. Parece como si ya no tuviera mucho tiempo.

—¿Qué la trae a Recursos Humanos un lunes por la mañana? —preguntó Melissa.

—Quiero entregar mi solicitud para el programa de asesoría —explicó Debbie.

—¡Muy bien! ¿Algún área en particular en la que necesite ayuda?

—No; sólo pensé que, en este punto de mi carrera, me vendría bien una nueva perspectiva para analizar el desempeño de mi equipo.

Melissa frunció el ceño.

—Nuestro programa no es un acuerdo de consultoría; se enfoca más en el líder y en su desarrollo. Tal vez necesite a alguien de nuestra división de consultoría interna...

—No —interrumpió Debbie—. Me temo que no me expliqué bien. Necesito ayuda; mi primer año de liderazgo ha sido más difícil de lo que pensé. Creo que un asesor podría ser de utilidad.

—De acuerdo; procesaremos su solicitud y buscaremos una buena opción. En dos semanas recibirá un correo electrónico en el que se le informará si fue seleccionada para participar en esta fase del programa. De ser así, le haremos saber quién será su asesor.

Debbie se sentía llena de esperanzas.

—Suena bien. Gracias por su tiempo.

—Un placer; estoy para servirle. Dígame si puedo ayudarla en el futuro.

Qué extraño que diga que su labor es servir, pensó Debbie mientras se marchaba. Por el amor de Dios, es la jefa de Recursos Humanos. Alguien por favor dígale que su trabajo es liderar.

Cuando Debbie regresó a su oficina, recordó de inmediato por qué necesitaba un asesor. Se sentía como un bombero que corre de una casa en llamas a otra. Sabía que debía ser el jefe de bomberos que da órdenes a su equipo, pero siempre terminaba siendo la única que combatía el fuego. Por lo general, su equipo sólo la informaba de los problemas y se alejaba para dejarla hacerse cargo. Ésa era la razón por la cual tenía menos tiempo para jugar golf: durante el día hacía el trabajo de su equipo, y despachaba el suyo por la noche y los fines de semana. Estaba claro que no era una vida sostenible.

Las siguientes dos semanas pasaron con rapidez mientras Debbie esperaba la respuesta del programa de asesoría. Aunque las situaciones cambiaban, parecía que su papel era el mismo; el trabajo, o la forma en que ella lo hacía, la estaba matando. Una noche llegó a casa exhausta y frustrada.

—Algo anda mal. ¿Qué pasa? —preguntó John.

Debbie suspiró.

—Comienzo a preguntarme si seguí el sueño equivocado; tal vez el liderazgo no es para mí.

—Conseguirás ese asesor muy pronto, ¿de acuerdo? —John puso una mano en su hombro para tranquilizarla.

—Eso espero —respondió Debbie. En el fondo sabía que su futuro dependía de ello.

• • •

En la mañana esperaba la resolución del programa de asesoría. Revisó su correo electrónico: no había mensajes. Se preparó para un largo y ansioso día aguardando la respuesta, pero pronto se encontró tan absorta resolviendo los problemas de otras personas que no tuvo tiempo de preocuparse por el muy esperado correo electrónico.

A la hora de la comida, Brenda, uno de los integrantes de su equipo, se acercó a Debbie en la cafetería.

—¿Puedo hablar contigo sobre un problema personal? —le preguntó.

Debbie había notado que el desempeño de Brenda había decrecido en las últimas semanas, pero no se puso a averiguar por qué. Ahora no tenía tiempo para hablar de asuntos personales.

—Lo siento, Brenda; tal vez luego. Ahora estoy muy ocupada.

Nunca le pasó por la mente que el desempeño de Brenda y su problema personal podrían estar relacionados. Debbie se fue a su oficina y cerró la puerta. Al revisar sus mensajes encontró un correo electrónico de Melissa:

Enviado a: Debbie Brewster
De: Melissa Arnold
Asunto: Programa de asesoría
Fecha: 14 de junio

Me complace informarle que fue seleccionada para participar en la fase I de nuestro nuevo programa de asesoría. Su asesor será Jeff Brown. Alguien de la oficina de Jeff se comunicará con usted para concertar la primera junta. Si tiene preguntas, por favor hágamelo saber.

Debbie sintió que el corazón se le detenía. *Debe ser un error. ¡Jeff Brown es el presidente de la compañía! No es posible que sea mi asesor.*

Tomó el teléfono y llamó a la oficina de Melissa Arnold. Contestó el asistente de ésta.

—Habla Todd. ¿En qué puedo ayudarla?

—Quiero hablar con Melissa Arnold. ¿Se encuentra ahí?

—No; lo siento. Está en su hora de comida en este momento. ¿Qué puedo hacer por usted?

—No mucho —contestó Debbie—. Me aceptaron en el nuevo programa de asesoría y hay un error respecto a mi mentor.

—Lo revisaré. ¿Cuál es su nombre?

—Debbie Brewster.

—Sí, Debbie; ya encontré su nombre. Su asesor es… —sintió como si hubiera transcurrido una semana antes de que Todd terminara la oración— Jeff Brown.

—¡No puede ser! —exclamó Debbie, incrédula.

—¿Por qué no?

—¡Es el presidente de la compañía!

—Es cierto —concedió Todd.

—¿Por qué Jeff Brown se tomaría el tiempo de asesorarme a mí o a alguien más? —preguntó Debbie.

—Cuando tenga la primera junta, ¿por qué no se lo pregunta personalmente? —sugirió Todd.

—Creo que lo haré. Gracias por su ayuda.

—Fue un placer.

• • •

Al siguiente día Debbie no podía creer aún que su asesor sería el presidente de la compañía. A media mañana recibió una llamada de la asistente del señor Brown.

—Jeff está disponible el día 22 en la mañana y el 24 en la tarde. Si esos horarios no coinciden con su agenda, podríamos pensar en la semana del 28. ¿Qué le resulta más conveniente? A Jeff le gustaría que la primera junta durara alrededor de una hora, si es posible —dijo.

Debbie estaba confundida una vez más. *¿Por qué me pregunta cuándo sería más conveniente para mí? ¿No debería tener más prioridad la agenda del presidente que la mía?*

De manera tímida, Debbie sugirió:

—¿Qué tal el 28?

—De acuerdo. Usted elige a qué hora: ¿ocho, nueve, diez u once?

—A las nueve me parece bien.

—Muy bien. Jeff la verá el 28 de junio a las nueve de la mañana en su oficina.

—Gracias. Tengo una pregunta más —agregó Debbie—: ¿podría enviarme alguna información general sobre el señor Brown? En realidad no sé mucho acerca de él.

—Con mucho gusto. Recibirá un correo electrónico más tarde.

• • •

Cuando llegó el correo electrónico, Debbie quedó impresionada por lo eficaz que era la asistente del señor Brown, así como por la profundidad de la información que le había enviado. Supo que el señor Brown era culto y tenía una exitosa trayectoria en diferentes compañías. Hacía trabajo voluntario cuando no estaba ocupado con asuntos de la empresa. Debbie también hizo una búsqueda en internet y descubrió que el señor Brown había escrito varios artículos e impartido conferencias en numerosas facultades y universidades. Su tema era siempre el mismo: liderazgo.

• • •

La víspera de la primera junta de asesoría de Debbie, la conversación a la hora de cenar en casa giraba alrededor de un solo tema:

—Siento que debería estar mejor preparada —dijo Debbie mientras le pasaba la cena a su esposo—. Es una oportunidad especial para reunirme con el presidente de la compañía y quiero optimizar el tiempo.

—¿Por qué no piensas en preguntas que quieras hacerle? —sugirió John.

—¿Preguntas acerca de qué?

—Eso es lo que necesitas decidir. ¿Cuántas juntas tendrás con él?

—No lo sé. Si puede resolver mis problemas de desempeño en una reunión, estará bien para mí.

John frunció el ceño.

—Si sólo pudieras preguntarle una cosa, ¿cuál sería?

Debbie no pudo responder de inmediato.

—¿Y bien? —insistió John.

—Si pudiera formular sólo una pregunta, sería ésta —dijo Debbie—: señor Brown, ¿cuál es el secreto de los grandes líderes?

• • •

La mañana siguiente, Debbie llegó a la oficina del señor Brown unos minutos antes de la reunión.

—Adelante —dijo el señor Brown mientras la saludaba en la puerta.

—Gracias por recibirme, señor.

Él sonrió de manera amable.

—Por favor, llámame Jeff.

—Bien, señor… Jeff —tartamudeó Debbie—. Como estaba diciendo, gracias por recibirme hoy.

—Por favor, toma asiento —ofreció Jeff.

Debbie retiró la silla frente al escritorio y la movió hacia un área pequeña al otro lado de la oficina, donde el señor Brown se le unió.

Debbie no pudo dejar de notar que, a pesar de que el lugar era lindo, no era muy grande ni tenía muebles extravagantes. Esperaba ver algo más señorial para la oficina del presidente. Se percató de una cosa que parecía un poco extraña: había un gran pizarrón blanco en la pared.

TODO SURGE EN EL LIDERAZGO
O RECAE EN ÉL.

Jeff comenzó la conversación.

—Estoy emocionado por el tiempo que pasaremos juntos. Me encanta trabajar con líderes jóvenes.

—También estoy emocionada, pero ¿no tienes cosas más importantes que hacer? —preguntó Debbie.

—Creo que formar líderes es nuestra prioridad estratégica como compañía. Si no invierto mi tiempo en ayudar a que crezcan y se desarrollen otros líderes, las personas con las que trabajo no lo verán como prioridad, y tampoco le dedicarán tiempo. Creo que demostramos nuestras prioridades en la forma como asignamos nuestros recursos, y eso incluye el tiempo; por eso estoy contento de tenerte como mi primera asesorada en nuestro nuevo programa. —Una vez más, le sonrió con calidez.

"Me parece que deberíamos vernos una hora cada cuatro o seis semanas —continuó Jeff—. Si se agotan los temas de conversación, terminaremos temprano; si creemos necesitar más tiempo, podríamos considerarlo. Generalmente concluiremos la sesión con la asignación de una tarea.

—¿Tarea? —preguntó Debbie.

—Sí, tendré actividades para ti y preguntas para que reflexiones entre una reunión y otra. Por hoy, vamos a conocernos el uno al otro. Empezaré por hablarte un poco acerca de mis antecedentes.

Durante los siguientes 20 minutos, Debbie supo más de Jeff de lo que toda su búsqueda le había revelado. Era una persona fascinante y polifacética.

—Ahora cuéntame acerca de ti —dijo Jeff.

Debbie comenzó a hablar de su trabajo en la compañía durante los últimos cinco años. Jeff la oía con atención; ella rápidamente se percató de que era bueno escuchando. Después de unos minutos, concluyó:

—Y eso es todo acerca de mí.

—Gracias por confiarme todas esas cosas de tu trabajo —dijo Jeff—. Ahora háblame de tu familia y de tus intereses fuera de la oficina.

—¿Fuera de la compañía? —Debbie no estaba segura del porqué del interés del señor Brown—. Bien... Tengo un esposo maravilloso que es maestro de secundaria.

—Fantástico —dijo Jeff.

—No tenemos hijos —agregó ella, anticipándose a la siguiente pregunta obvia.

—¿Cómo se divierten cuando no estás haciéndote cargo de las relaciones de los clientes de la compañía?

—Solía ser buena nadadora, aunque en estos últimos días no he estado siquiera cerca de una piscina —respondió Debbie. Se sintió tonta al decirlo y no pudo imaginar por qué podría importarle eso al presidente de la compañía.

Éste le hizo varias preguntas acerca de su experiencia como nadadora; parecía interesado de verdad. Cuando terminó de hablar, Debbie preguntó:

—¿Hay alguna otra cosa que quieras saber?

—¿Cómo piensas que podría ayudarte en los próximos meses?

Debbie confesó que no estaba segura. Describió algunos problemas que enfrentaba su equipo. Una vez más, el señor Brown la escuchó con atención e incluso hizo anotaciones. Una vez que hizo su mejor esfuerzo por resumir su situación, Debbie preguntó:

—¿Qué recomendaciones tienes?

—No creo tener muchas sugerencias para ti, Debbie. Lo que puedo prometerte es que, durante los siguientes meses, encontrarás la respuesta a muchas de tus preguntas. Ahora que veo el reloj, me temo que sólo hay tiempo para una pregunta más por hoy.

—Comprendo. He pensado que, si tuviera que hacer una pregunta, sé cuál sería.

—Dime.

—¿Cuál es el secreto de los grandes líderes?

El señor Brown sonrió.

—Es una pregunta excelente… y grande. Pero creo que es más de lo que quiero abordar en el tiempo que nos queda. ¿Qué te parece si la discutimos luego? Tendremos varias juntas que te ayudarán a descubrir no sólo el secreto de los grandes líderes, sino cómo aplicarlo en tu trabajo y en tu vida.

Debbie se sentía decepcionada; tenía la esperanza de que Jeff le daría una respuesta simple y la ayudaría a resolver su problema ese mismo día. No obstante, estaba intrigada por su promesa de revelarle el secreto y emocionada de verlo tan comprometido en ayudarla para que triunfara como líder.

Debbie se levantó, dispuesta a retirarse.

—De nuevo, gracias por tu tiempo. ¡No puedo esperar a escuchar acerca del secreto en nuestra próxima junta!

El secreto

Esa noche, John recibió en la puerta a Debbie cuando llegó a casa.

—¿Cómo te fue? —preguntó emocionado.

—Lo siento; olvidé llamarte —respondió ella en un tono que decía mucho sobre cómo había sido su día—. La junta estuvo muy bien, pero cuando regresé a la oficina había mucho trabajo y no tuve tiempo de llamar.

—¿Qué consejo te dio?

—Por el momento, ninguno.

—¿Ninguno? —preguntó John, incrédulo.

—No. Dijo que quería conocerme y darme la oportunidad de conocerlo. Me aseguró que en los siguientes meses tendré tiempo de encontrar la respuesta a mi pregunta acerca de qué hace un gran líder.

—¿Entonces le preguntaste?

—Sí. Me dijo que era una pregunta excelente y que la abordaríamos luego.

—¿Cuánto tiempo pasaron conociéndose?

—Casi una hora.

—¡Caray! ¿Qué aprendiste?

—Saqué dos conclusiones —dijo Debbie—. Una: Jeff es bueno escuchando. Dos: sé muy poco acerca de los integrantes de mi equipo.

—¿Qué te impresionó de él?

—Primero, que es un gran oyente; por momentos parecía que sólo me preguntaba cosas sobre mí y mi perspectiva.

John admitió que no conocía muchas personas que se comportaran así.

—De hecho, parece que la mayoría de las personas están tan ocupadas pensando lo que quieren decir a continuación que en realidad no escuchan lo que les dices.

—Jeff es diferente —respondió Debbie—. Creo que por eso dije que es un gran oyente.

—¿Cuándo será su próxima junta?

—El próximo mes. Mientras tanto, trabajaré muy duro en mi habilidad para escuchar y veré qué puedo aprender acerca de mi gente.

—Es un buen plan —dijo John.

• • •

La mañana siguiente, Debbie llegó a su oficina con la determinación de ejecutar su plan. Comenzó con Brenda.

Pensó que sería difícil por dos motivos. Primero, Debbie se preguntó si estaría dispuesta a escuchar, realmente escuchar. Segundo, temía que Brenda sospechara del cambio repentino en su comportamiento. Sin embargo, estaba tan impresionada por el tiempo que había pasado con Jeff que decidió seguir adelante de todas formas.

—Brenda, hace unos días te acercaste a mí para hablar de un problema personal y te dije que estaba ocupada. Siento no haberme dado el tiempo. ¿Podríamos comer juntas hoy?

Brenda frunció el ceño.

—¿De verdad estás disponible? De no ser así, lo entenderé. Siempre estás muy ocupada.

—Hagámoslo hoy —insistió Debbie.

• • •

Durante la comida, Debbie hizo su mejor esfuerzo para escuchar a Brenda. Supo que el hijo de ésta había estado enfermo durante varias semanas, y eso había afectado su desempeño, lo que Debbie había notado. Brenda preguntó si había la posibilidad de que le dieran un horario más flexible hasta que su hijo estuviera bien. Debbie le aseguró que podrían hacerlo posible.

Debbie continuó trabajando en sus habilidades como oyente, decidida a saber más de su personal. A pesar de que ésa era su meta, rápidamente se vio consumida por el trabajo de los demás y no tuvo mucho tiempo para escuchar.

Los días pasaron rápidamente debido al ritmo frenético de la vida de Debbie; pero aun en esas locas jornadas de trabajo se dio cuenta de que el horario flexible ayudaba a Brenda. Sin embargo de ese avance, el desempeño general del equipo seguía sin mejorar. Para Debbie, el único rayo de esperanza en el horizonte era su siguiente junta con Jeff. Ahí exploraría la respuesta a su pregunta y con suerte resolvería algunos problemas de su equipo.

• • •

El día de la junta llegó. Debbie estaba contenta consigo misma por haber sido puntual. Como era de esperarse, Jeff también llegó a tiempo.

—¿Cómo han ido las cosas desde nuestra última reunión? —preguntó Jeff.

—Bien; eso creo. Mi personal aún tiene problemas con su desempeño. Me he esforzado en convertirme en mejor oyente y también traté de conocer más a los individuos que conforman mi equipo.

—¡Son grandes cosas! —Jeff la alentó con una sonrisa—. ¿Con qué quieres comenzar? —preguntó.

—Imagino que hay una fórmula o protocolo que debo seguir —dijo Debbie—. Pero, si no lo hay, podría empezar con mi pregunta.

—Sí, tu pregunta sobre el secreto de los grandes líderes. Como te dije en la junta anterior, creo que es un cuestionamiento muy bueno. Pero, antes de comenzar, ¿por qué quieres saberlo?

—Para poder ser una gran líder —respondió Debbie sin titubear.

Jeff sacó un papel de su escritorio.

—Ésta es tu solicitud para el programa de asesoría —dijo—. En respuesta a la pregunta "¿Qué es un líder?", escribiste: "Un líder es una persona en una posición de autoridad, y es responsable de los resultados de quienes están bajo su dirección".

Debbie asintió.

—Es muy obvio para mí —dijo.

EL VERDADERO LIDERAZGO

NO TIENE QUE VER CON EL NIVEL QUE SE TENGA

EN UNA ORGANIZACIÓN.

—En la vida real, Debbie, el verdadero liderazgo no tiene que ver con el nivel que se tenga en una organización. En el mundo hay muchos individuos que no tienen posiciones de liderazgo, pero demuestran ser líderes todo el tiempo; así como hay muchos que tienen esa posición y no ejercen su liderazgo en absoluto.

La última afirmación fue dolorosa para Debbie, pues pensaba que Jeff podía estar hablando de ella. Ella estaba en una posición de liderazgo, pero, a juzgar por el desempeño de su equipo, era evidente que no era buena líder.

Debbie vaciló un momento y después preguntó:

—Si no tiene que ver con la posición, ¿qué es el liderazgo?

—Déjame explicarlo con un dibujo —dijo Jeff mientras caminaba hacia su pizarrón blanco—. El liderazgo es como un iceberg. Hay dos componentes principales: lo que ves por encima de la línea de flotación y lo que no puedes ver, debajo del agua. Veamos si recuerdas ese concepto de tu clase de ciencias de quinto grado. ¿Qué porcentaje del iceberg es visible por encima del agua?

Debbie reflexionó un momento.

—Creo que me ausenté el día que estudiaron los icebergs. —Ambos rieron—. Pienso que menos del 20 por ciento de un iceberg es visible por encima del agua —dijo.

—Es una buena suposición. El mismo principio se aplica al liderazgo; tiene que ver más con aquello que los demás no ven que con lo que sí ven.

Debbie no entendió la explicación.

—Continúa —dijo.

—Recordemos lo que hemos dicho —dijo Jeff, haciendo un dibujo en el pizarrón blanco—. Bajo el agua está la personalidad de un líder; encima del agua están sus habilidades, las acciones que lleva a cabo. Otra manera de decirlo es que el liderazgo tiene dos componentes: ser y hacer.

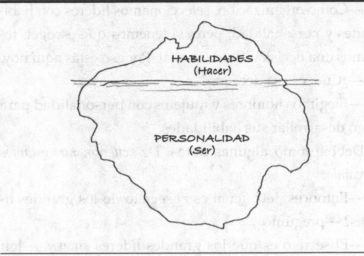

"Remóntate un siglo atrás. Cuando las embarcaciones zarpaban en los mares del norte, muchas se iban a pique a causa de los icebergs. En la mayoría de esas tragedias, ¿qué hundió los barcos? ¿La parte del iceberg que era visible, o la parte que estaba bajo el agua, oculta a la vista?

—Probablemente, lo que estaba bajo el agua —dijo Debbie.

—Exacto —asintió Jeff—. La personalidad, o la falta de ella, es el enemigo de la mayoría de los líderes en nuestro mundo actual. Las habilidades son cruciales para un liderazgo efectivo, pero la personalidad también. Muchos creen poder convertirse en líderes eficaces con sólo tener habilidades; otros, con sólo desarrollar su personalidad. Ambos están equivocados: se necesitan ambas cosas.

—Ya veo —dijo Debbie.

—Como organización, seleccionamos líderes con habilidades y personalidad; pero, si tenemos que escoger, tomamos una decisión fundamental. Por eso estás aquí hoy.

—¿Cuál es esa decisión?

—Elegimos hombres y mujeres con personalidad para luego desarrollar sus habilidades.

Debbie tomó algunas notas. *De acuerdo, nos estamos acercando.*

—Entonces, Jeff, ¿cuál es el secreto de los grandes líderes? —preguntó.

—El secreto es que los grandes líderes SIRVEN. —Jeff hizo una pausa para que Debbie pudiera comprender sus palabras.

—¿Sirven? ¿A qué te refieres? —El tono de Debbie reflejaba su incredulidad—. Los líderes no sirven; ¡ellos lideran! ¿Y qué tiene que ver eso con un iceberg?

UNA PREGUNTA CLAVE

QUE DEBES HACERTE CONTINUAMENTE ES:

"¿SOY UNA LÍDER QUE TRABAJA PARA SÍ MISMA

O UNA LÍDER QUE SIRVE?"

—La idea de SERVIR encaja muy bien con la metáfora del iceberg: ambos están encima o por debajo de la línea de flotación.

"Déjame explicarte. La motivación o la intención de un líder es asunto de personalidad, la cual está por debajo de la superficie. Independientemente de sus habilidades, los líderes deben preguntarse: "¿Por qué estoy liderando?" Si lo hago con la intención de servir a mi personal y a mi compañía, me comportaré de una manera diferente que si mi motivación fuera trabajar para mí mismo. Una pregunta clave que has de hacerte continuamente es: "¿Soy una líder que trabaja para sí misma o una líder que sirve?

—Estoy confundida —dijo Debbie en un momento de franqueza—. Me cuesta entender la confusa idea de SERVIR a mi equipo. Supongamos que mis intenciones son buenas y que tengo el tipo de personalidad que me permite servir a otros, ¿qué debería hacer para ser buena líder?

—Ahí es donde la idea de SERVIR aparece por encima de la línea de flotación en nuestro dibujo del iceberg. Es también a eso a lo que dedicaremos nuestro tiempo durante los próximos meses. Juntos exploraremos cómo la idea de SERVIR puede y debe influir en lo que necesitas hacer como líder. Confío en que quienes te eligieron consideraron que tienes un corazón servicial; de lo contrario, no te habrían pedido que asumieras una posición de liderazgo. Por tanto, durante este proceso de asesoría nos concentraremos en tus habilidades de liderazgo y en explorar maneras en las que puedas servir día con día a tu equipo y a la empresa.

—Agradezco tu confianza, pero servir sigue pareciéndome una idea complicada. De hecho, creo que podría

pasar el resto de mi vida intentando descifrar cómo llevarla a la práctica.

—Estás en lo correcto. ¡Creo que ya hemos avanzado!
—exclamó Jeff.

—¿Qué dije? ¿Qué descubrí? —preguntó Debbie.

—Dijiste que podrías pasar tu vida entera tratando de
descifrar esto. Eso es correcto; los líderes no se vuelven
grandes en un momento, un mes o un año; lo hacen día
con día, a lo largo de su vida. Es una tarea que nunca
termina, nunca se completa. Siempre hay nuevas maneras de servir, y cada vez que lo haces, tus habilidades de
liderazgo se incrementan y te conviertes en mejor líder.

—Suena abrumador. Debe de haber miles de cosas
que un líder puede hacer para servir.

—En efecto. Hay miles de cosas, pero sólo tenemos
una breve lista.

—¿Una lista breve? —Había un poco de esperanza en
la voz de Debbie.

—Sí; creo que hay cinco formas esenciales en las que
los grandes líderes sirven.

—¿Cuáles son? Debbie preparó su pluma.

—Las abordaremos una a la vez, comenzando en
nuestra siguiente junta —dijo Jeff—. Por hoy, quiero asig-
narte tu primera tarea. De aquí hasta la próxima reunión,
busca cómo puedes servir a quienes lideras. No sólo cosas grandes; también todas las pequeñas. Haz una lista y
la estudiaremos cuando volvamos a vernos.

Debbie salió de la oficina de Jeff con muchas preguntas, aunque también intuyó que nunca vería de la misma manera su papel de líder.

Un enfoque diferente

A pesar de que no siempre estuvo segura de cómo hacerlo, durante las siguientes semanas Debbie se esforzó mucho en servir a los miembros de su equipo de trabajo. Si bien muchos de sus esfuerzos parecían insignificantes, notaba un cambio en su manera de ver sus propias responsabilidades como líder, e incluso en su personal. Durante ese tiempo hizo una lista de sus experiencias para compartirla con Jeff en la próxima junta.

Una de las reuniones de Debbie fue significativa en cierta forma. Charles aún podía perder su empleo; su desempeño sólo había mejorado un poco desde su primer mes en el trabajo. Debbie sentía que sólo pasarían algunos meses antes de que se viera obligada a despedirlo, por lo que decidió reunirse con él, hacerle algunas preguntas y buscar la forma de ayudarlo.

—Hola, Charles —dijo Debbie mientras entraba en su oficina.

—¿A qué debo esta inesperada visita? —preguntó Charles de forma un poco sarcástica.

—Quería saber si podíamos hablar un momento.

—Claro que sí. ¿De qué quieres hablar?

Debbie supo que tenía toda su atención.

—Como te dije antes, estoy preocupada por tu desempeño.

—Sí, lo sé.

—Creo que hay algo que no te he preguntado: ¿cómo crees que pueda ayudarte?

—Ésa sí *es* una pregunta diferente —dijo Charles mientras se sentaba muy derecho en su silla—. No sé bien cómo responderte.

—¿Cuál crees que es tu mayor reto? —Debbie tenía su opinión al respecto, pero necesitaba escuchar a Charles.

—¿Honestamente? —Charles soltó un profundo suspiro—. Mi mayor reto tiene que ver con la logística. Sin importar lo que haga, no consigo tener a nuestros vendedores y clientes satisfechos. Quizá no soy lo suficientemente organizado para este puesto. Trabajo duro, pero de alguna forma las cosas no salen como deberían. En ocasiones los clientes obtienen lo que quieren, pero no cuando o donde lo necesitan. Otras veces ni siquiera reciben lo que desean; algunos se han enojado tanto que hemos perdido la relación con ellos. Es mi peor pesadilla: soy director de proyectos y no puedo dirigirlos.

Al escuchar a Charles, Debbie pudo darse cuenta de que realmente le importaba su trabajo y quería servir a los demás. Sus intenciones eran buenas; sólo necesitaba mejorar sus habilidades administrativas.

Debbie se quedó pensando.

—De acuerdo, Charles. Tengo una idea. Cuando yo estaba en tu puesto, era buena directora de proyectos; si gustas, puedo trabajar contigo algunos días para ver qué es lo que está fallando. Incluso, si te es de ayuda, puedo responder algunas llamadas para que veas cómo lo hago.

—Estas bromeando, ¿verdad? Trabajarías conmigo. ¿Por qué?

—Quiero hacer todo lo que esté en mis manos para ayudarte a tener éxito.

Por primera vez en toda la mañana, Charles sonrió.

—¡Hagámoslo! ¿Cuándo estás disponible?

—Creo que puedo hacerme un espacio el próximo jueves y viernes. ¿Te parece bien?

Charles le aseguró a Debbie que haría todo cuanto pudiera para que funcionara.

Debbie no estaba segura, pero cuando terminó de hablar con Charles sintió que empezaba a entender el significado de la palabra SERVIR.

¿Hacia dónde vas?

No faltaba mucho para que Debbie se reuniera nuevamente con Jeff. La emocionaba mostrarle las formas en las que había servido a los demás desde su última junta.

—Buenos días, Jeff —dijo mientras entraba con una caja de las donas favoritas del señor Brown.

—¿Cómo lo supiste? —preguntó éste.

Debbie sonrió.

—Estoy aprendiendo a escuchar y observar con más atención.

—Gracias, Debbie; es muy considerado de tu parte.

—Jeff, tenías razón. Me he dado cuenta de que puedo servir a los demás sin importar mi puesto en la compañía. También hice la lista que me pediste.

—¡Excelente! Echémosle un vistazo.

—Compré café para mis colaboradores; el otro día recogí la basura que había en el estacionamiento de camino a la oficina; escuché a dos integrantes de mi equipo que necesitaban hablar de problemas personales; acordé trabajar con Charles para mejorar sus habilidades como director de proyectos. Hice más cosas, pero creo que ya empiezo a entender cómo servir a los demás.

—¿Cómo va el desempeño de tu equipo? —preguntó Jeff.

—Sin ninguna mejora significativa —respondió Debbie en un tono que reflejaba desesperación.

—No te preocupes —dijo Jeff—. Sé que ya estás empezando a entenderlo, así que sigue buscando formas de servir a tus empleados. Aunque hay algo más que necesitas saber: esas buenas obras y actos de servicio no te harán un buen líder; una persona más agradable, sí, pero no un buen líder.

—Estoy confundida de nuevo. Pensé que habías dicho que tenía que servir —se quejó Debbie.

—Sí —afirmó Jeff.

—De muchas maneras.

—Exacto.

—Y fue lo que hice.

—Sí, tienes razón; serviste, y necesitas seguir haciéndolo porque, cuanto más sirvas a los demás, más querrás hacerlo. ¿Recuerdas que en nuestra última junta dije que había una pequeña lista de cosas que todos los grandes líderes hacen? Pues las cosas que hiciste, incluso recoger la basura y comprar café, no están en esa lista.

—No lo entiendo.

—Pero lo entenderás —dijo Jeff con optimismo—. Tu disposición para servir en cosas pequeñas indica que tu corazón está listo para descubrir nuevas formas estratégicas de servir.

—Creo que estoy lista —dijo Debbie con cautela, pues no tenía idea de qué significaban esas "nuevas formas estratégicas de servir".

Jeff se acercó al pizarrón y dibujó el iceberg de nuevo, sólo que esta vez, en la parte que sobresalía del agua, escribió la palabra SIRVE.

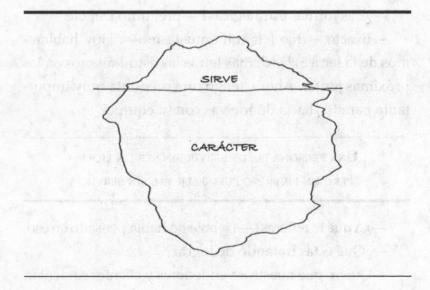

—He creado esta forma sencilla para ayudarme a recordar los cinco hábitos claves de los grandes líderes. Las cinco maneras en las que debo servir, si quiero que mi potencial como líder sea el máximo —explicó Jeff—. Las cosas que los líderes hacen son las que los caracterizan como tales, y no sólo como personas que sirven. Por supuesto que no hay nada malo con el servicio, pero éste por sí solo no hará a nadie un buen líder. Una persona puede servir sin ser líder, pero un líder no puede ser tal sin servir.

"Como te dije antes —continuó Jeff—, hay cinco formas en que los líderes sirven en el marco de sus actividades diarias.

—¿Las formas estratégicas? —preguntó Debbie.

—Exacto —dijo Jeff con entusiasmo—. Hoy hablaremos de la letra S; las demás letras las estudiaremos en las próximas juntas. Ahora, tengo una pregunta muy importante para ti: ¿hacia dónde vas con tu equipo?

UNA PERSONA PUEDE SERVIR SIN SER UN LÍDER, PERO UN LÍDER NO PUEDE SER TAL SIN SERVIR.

—¿A qué te refieres? —Debbie no había pensado en eso.

—¿Qué estás tratando de lograr?

—Quiero que nuestros vendedores y clientes se sientan satisfechos. —Debbie sentía que era una buena respuesta.

—¿Eso es todo?

—¿No es suficiente? —preguntó Debbie.

—No creo que complacer a nuestros vendedores y clientes sea algo muy convincente. La S significa *Ser capaz de ver el futuro*. Es tu visión como líder del futuro de tu equipo de trabajo.

Jeff escribió esas palabras junto a la letra S.

Ser capaz de ver el futuro
I
R
V
E

—Una visión convincente genera pasión en tu interior; les dice a las personas que trabajan contigo quién eres, hacia dónde vas y qué guiará tus decisiones. ¿Te apasiona satisfacer a vendedores y clientes?

—Eso sería bueno —dijo Debbie encogiéndose de hombros.

—A eso me refiero. Si algo no te apasiona en el futuro, si no te emociona y no sientes que harías cualquier cosa por ello, puedes estar segura de que a tu equipo de trabajo tampoco.

"Hace algunos años, cuando toda la gente iba a las gasolineras de autoservicio, un amigo mío decidió poner un negocio que ofreciera el servicio completo. A él le encantaba ir a lugares donde no había competencia; creía que las personas no iban a las gasolineras porque querían, sino porque lo necesitaban. Por lo mismo, buscaban un sitio donde los atendieran lo más rápido posible, de modo que tomó la decisión de crear gasolineras que estuvieran en el mundo del entretenimiento. Si alguien va a una de sus gasolineras se siente en una pista de carreras. Contrató madres y jubilados interesados en trabajar medio tiempo para hacer un poco de dinero extra; su uniforme era un traje rojo. Más rápido de lo que puedas imaginar, corrían hacia tu carro, llenaban tu tanque, revisaban el motor, limpiaban el parabrisas y recibían el dinero. Los valores que guiaban su comportamiento eran seguridad, rapidez y diversión. Cuando salías de ahí, te daban una tarjeta que decía: "P. D. También vendemos gasolina".

CREAR UNA VISIÓN CONVINCENTE
ES UNO DE LOS PRIVILEGIOS Y UNA DE LAS EXIGENCIAS
MÁS IMPORTANTES DE LOS LÍDERES.

—Suena increíble —dijo Debbie.

—Sin duda lo era —coincidió Jeff —. El liderazgo consiste en llevar a las personas de un lugar a otro. Una de las prioridades de un buen líder debe ser asegurarse de que su equipo de trabajo sepa hacia dónde va. Ser capaz de ver el futuro significa crear una visión convincente; ése es uno de los privilegios y una de las exigencias más importantes de los líderes. En ocasiones puede ser difícil saber cuál es la meta de la compañía, pero resulta esencial tener una. En consecuencia, parte muy importante del liderazgo consiste en visualizar y difundir una visión del futuro de la empresa.

—¿Las metas y estrategias son parte del futuro? —preguntó Debbie.

—Por supuesto —dijo Jeff—. Éstas adquieren verdadero significado cuando van acompañadas de una visión convincente.

—No sabía que eso era parte del liderazgo. Supongo que estaba tan concentrada en el presente que nunca me puse a pensar en el futuro y hacia dónde quería llevar a mi equipo —explicó Debbie.

—En la mente de un líder siempre hay conflicto entre el presente y el futuro. A menudo lo veo como un reto —asintió Jeff.

—Creo que ya sé a lo que te refieres, pero quiero estar segura. Por favor, háblame más de eso —pidió Debbie.

—Por ejemplo, esta conversación tiene que ver con el futuro porque estamos hablando sobre visión y administración. Los líderes siempre necesitarán dedicar tiempo a pensar en el futuro de la compañía porque deben informar a sus trabajadores cuáles son sus metas. Eso es indispensable porque la visión puede cambiar con el tiempo; si no continúas replanteándola, poco a poco desaparecerá.

—¿Como el hielo en un caluroso día de verano?

—Algo así —dijo Jeff sonriente—. El punto es que los líderes tienen que ver y comunicar el futuro de la compañía de manera constante, así como prever oportunidades y dificultades.

—¿Y qué significa ver el presente en las compañías? —preguntó Debbie.

—Ocurre cuando los líderes ayudan a su personal con la implementación, es decir, convertir la visión en realidad. Los líderes siempre deben considerar cómo invierten su tiempo; algunas veces necesitan enfocarse en el futuro y otras veces en el presente.

—Una pregunta —dijo Debbie—: como líder, ¿tienes que hacer tú mismo todo el trabajo relacionado con el futuro?

—No —respondió Jeff—. Involucrar al personal hará que muestre compromiso respecto de las acciones futuras. Sin embargo, es tu responsabilidad asegurarte de que los planes a futuro se cumplan. ¿Fui claro?

—Sí, gracias —dijo Debbie—. Antes dijiste que los valores deben guiar el comportamiento cuando se trata de instrumentar la visión y los planes a futuro. ¿Nosotros, es decir, la compañía tiene valores?

—Sí y no —dijo Jeff.

—Qué respuesta tan útil —bromeó Debbie—. ¿Qué quieres decir con ella?

—Tenemos valores; cada compañía debe tenerlos. Los líderes pueden crearlos o pueden surgir por sí solos. Sin importar cómo surjan, siempre hay valores fundamentales. Puesto que en la empresa no los hemos establecido formalmente, estamos desperdiciando una oportunidad increíble.

—¿Cómo?

—Si los valores estuvieran al alcance de todos, podrían ser repetidos, conocidos y premiados con resultados positivos. Como soy casi nuevo en la empresa, decidí tomarme un tiempo para estudiarla y ver cuáles valores estaban poniéndose en práctica, además de pensar en los que quiero instrumentar en el futuro. Antes de publicar valores nuevos, quiero cerciorarme de que tengan fundamento y sean viables; de lo contrario perderían credibilidad.

"Los valores de la compañía se anunciarán en la próxima junta anual —añadió Jeff—. Verás otras cosas que los valores pueden reforzar. Son algo muy importante; constituyen los pilares de la cultura que los líderes tratan de implementar. Siempre recuerda esto: "Los valores son las creencias que guían nuestro comportamiento".

LOS VALORES SON LAS CREENCIAS
QUE GUÍAN NUESTRO COMPORTAMIENTO.

Debbie asintió reflexivamente.

—Supongo que eso es verdad —dijo—. ¿Cuáles son nuestros valores?

—Puedes consultarlos en nuestro reporte anual, cuya publicación está prevista para la próxima semana; revísalos y me dices qué te parecen.

—De acuerdo —dijo Debbie.

—¿Cuándo es la próxima junta con tu equipo? —preguntó Jeff.

—No tenemos ninguna programada —respondió Debbie.

—¿No? —dijo Jeff sorprendido.

—No; las cancelé meses atrás porque el desempeño estaba muy mal. No quería desperdiciar el tiempo en reuniones cuando podíamos dedicarlo a estar al tanto de las necesidades de los clientes.

—Interesante. Me gustaría hablar de eso en nuestra próxima junta. Mientras tanto, te daré unas preguntas para que pienses en ellas. Algunas querrás responderlas tú sola, pero sé que para contestar otras tendrás que hablar con algunos integrantes de tu equipo.

—Estoy lista. ¿Cuáles son? —Mientras Jeff formulaba las preguntas, Debbie las anotaba.

- ¿Cuál es el objetivo de tu equipo?
- ¿Dónde quieres que esté tu equipo dentro de cinco años?
- ¿Cuántos miembros de tu equipo son capaces de decirte las metas que están tratando de alcanzar?
- ¿Cuáles son los valores que quieres que guíen el comportamiento de tu equipo?
- ¿Cómo puedes comunicar a tu equipo tu visión sobre el futuro?

—Estas preguntas deben darte algo en que pensar antes de nuestra próxima junta —dijo Jeff.

—La verdad es que sí; pasaré un buen tiempo pensando en ellas.

—Ya comienzas a entenderlo. Los grandes líderes siempre están haciéndose preguntas como éstas y otras que analizaremos en las próximas juntas. Te veo en unas semanas.

Debbie salió de la oficina de Jeff con la convicción de que estaba conociendo los secretos de los grandes líderes. Sin embargo, había una pregunta que no podía sacarse de la cabeza: ¿podría ella convertirse en una gran líder? Se sentía cautamente optimista al respecto.

¿Qué es más importante?

Debbie comenzó la semana trabajando en las preguntas que Jeff le había dado. Sabía que no había hecho un buen trabajo pensando en el futuro; lo único que le preocupaba era seguir atendiendo las necesidades de vendedores y clientes. Si bien satisfacer las necesidades de clientes y vendedores era importante, ella sabía que el modelo SIRVE de Jeff representaba un alto nivel de pensamiento y de liderazgo.

Le vinieron a la mente muchos líderes que habían sido capaces de ver el futuro, y que ofrecían una guía para los demás. Muchos de ellos eran personajes históricos: John F. Kennedy y su deseo de que el hombre fuera a la Luna, Martin Luther King y el sueño que tenía de que gente de todas las razas conviviera en armonía, la madre Teresa y su anhelo de proveer bienestar a todas las personas que sufren en la India.

Mientras pensaba en cómo crear una visión convincente, Debbie recordó una de las primeras presentaciones de Jeff después de su llegada a la compañía. En esa ocasión dejó clara su convicción de que el objetivo no era vender, sino servir a los clientes y satisfacer sus necesidades. *¿Servir? Jeff hablaba del servicio todo el tiempo, y ahora me está enseñando que los grandes líderes* SIRVEN. *Veo que de verdad le importa servir.*

Debbie quería contestar ella sola todas las preguntas que Jeff le había dado. No había avanzado mucho cuando Jennifer, una integrante de su equipo, apareció en la puerta con un problema.

La primera reacción de Debbie fue querer lidiar con el problema de inmediato; sin embargo, se detuvo a pensar por un momento. *¿Esto de verdad requiere mi intervención? ¿Puede Jennifer resolver esto sola?* Sabía que, si se involucraba, no podría pensar en el futuro. Debbie se dio cuenta de que parte de su problema de liderazgo era que dedicaba demasiado tiempo a los problemas del presente y casi no tenía espacio para los planes a futuro. Todos esos pensamientos aparecieron en su mente en un segundo.

—¿Qué crees que debamos hacer? —preguntó.

Esto tomó a Jennifer por sorpresa.

—Bueno, no lo sé. Por lo general tú eres quien decide sobre estas cosas.

—¿Crees tener toda la información necesaria para proponer una solución?

—Creo que sí.

—Vuelve después de la comida y dime qué crees que podamos hacer. Si necesitas que te ayude con más información, entonces hablamos.

Jennifer se fue, un poco sorprendida.

Debbie regresó a su escritorio sintiendo que acababa de dar un paso importante en su camino hacia el liderazgo. Después volvió a concentrarse en las preguntas sobre el futuro.

¿Dónde quiero que esté mi equipo dentro de cinco años? Al reflexionar sobre esto consideró que no tenía un equipo; había renunciado a ese concepto. Lo que tenía ahora era un grupo de personas que trabajaban de manera individual.

No había oportunidades de unión, intercambio de aprendizajes, apoyo, responsabilidad ni ningún otro beneficio de operar de forma conjunta. Debbie nunca se había tomado el tiempo de pensar en esto antes.

Su primera acción fue reintegrar a su gente; juntos no sólo podrían contestar las preguntas de Jeff, sino también compartir sus opiniones acerca de cómo lograr cualquier cosa que se propusieran.

Cuando llegó el correo de la mañana, el reporte anual estaba ahí. Debbie no podía esperar a ver lo que Jeff había escrito sobre los valores de la compañía. Abrió el sobre y se encontró con el mensaje del director:

¿Cómo podemos asegurar nuestro éxito en el futuro?

¿Cómo conseguiremos un rendimiento financiero sobresaliente y relaciones mutuamente beneficiosas? Creo que incorporando y poniendo en práctica algunos valores fundamentales. Al analizar este reporte encontrarás muy pocas cosas diferentes o nuevas. Durante el breve tiempo que tengo en la compañía he visto que en muchos casos los empleados aplican estos valores. Quise publicarlos aquí para destacarlos y declararlos oficiales. Éstas son las convicciones que guiarán nuestro comportamiento y nos asegurarán el éxito:

El cliente es primero
Los clientes son la razón por la cual tenemos trabajo. Nuestros pensamientos y acciones siempre deben regirse por la siguiente pregunta: ¿cómo afecta al cliente esta decisión? Seguiremos poniendo a nuestros clientes en la cima de nuestras prioridades y en las decisiones que tomemos.

Sirve a los demás
Hemos tenido éxito en el pasado gracias a la disposición de nuestros empleados para servir. Cuando servimos a los demás, casi siempre obtenemos una recompensa. Eso no significa que la motivación para servir sea conseguir algo; simplemente es así como funciona. Pienso que quienes quieren ser grandes deben tener la disposición de servir. Seguiremos siendo una compañía reconocida por su "espíritu de servicio".

Practica la administración

Un administrador es quien se encarga de administrar las propiedades de otra persona. Considero que todas las cosas que tenemos a nuestra disposición son prestadas; no podemos quedárnoslas, pero sí usarlas mientras estemos aquí. También creo que somos responsables de todo lo que se nos ha dado —tiempo, talento, dinero y amistades—. Seguiremos siendo buenos administradores.

Fomenta la creatividad

Ésta ha sido —y siempre lo será— una característica de nuestra compañía. Valoraremos la creatividad, la identificaremos, contrataremos gente que la tenga, y la desarrollaremos en quien pueda poseerla. La habilidad de pensar de manera creativa es un regalo que se nos ha dado a todos, y está en nosotros utilizarla al máximo. Nunca nos conformaremos con lo que está establecido.

Aprenderás mucho más de estos valores en los próximos meses y años. A nuestros empleados —nuestro equipo—, gracias por reflejarlos cada día. A nuestros socios, gracias por confiar en nosotros.

Es un privilegio servirlos.

Jeff Brown

Director y jefe de operaciones

Cuando Debbie terminó de leer el mensaje, se sintió orgullosa de pertenecer a esa compañía. Estaba agradecida por el tiempo que había pasado con Jeff y no podía esperar más para su próxima junta.

Una plática interesante

En los siguientes días, Debbie pudo darse cuenta de lo difícil que es modificar las viejas costumbres. En diversas ocasiones se descubrió solucionando problemas y tomando decisiones que otras personas podían o debían tomar. Sin embargo, no siempre ocurría así, y entonces notaba que tenía más tiempo para pensar en las preguntas que Jeff le había dado en la última junta. Cuanto más reflexionaba sobre ellas, más se emocionaba. Debbie se sentía apasionada por el panorama que estaba diseñando. Además, como comenzó a compartir su visión, descubrió que otros estaban interesados en participar de ella.

Habló con cada integrante de su equipo, y con su ayuda pudo contestar parte de las preguntas que Jeff le había dado. Estaba ansiosa por compartir sus ideas y progresos con Jeff.

Por fin llegó el día de la reunión. Cuando Debbie se acercaba a la oficina del señor Brown, la recibió su asistente.

—Jeff está retrasado unos cinco minutos el día de hoy. ¿Puedo ofrecerle un café?

—No, gracias.

Mientras esperaba, Debbie disfrutó un momento de paz y tranquilidad. Poco después entró Jeff y colgó su abrigo.

—Siento llegar tarde —dijo—. Siempre trato de ser puntual; para mí significa respetar el tiempo de los demás. Acabo de entrevistar a un candidato para un nuevo puesto en la compañía. Fue nuestra cuarta y última reunión; creo que estamos a punto de tomar una decisión.

—¿Has tenido cuatro entrevistas con el mismo candidato? —preguntó Debbie con incredulidad.

—Sí. ¿Por qué te sorprende?

—Por lo general yo sólo paso media hora en una entrevista.

Jeff se detuvo un momento, como si estuviera tomando nota mental de lo que Debbie acababa de decir.

—No puedo esperar a escuchar tu reflexión sobre eso en nuestra próxima junta —dijo—. Pero por ahora me gustaría que me dieras un breve informe acerca de lo que has hecho desde la última vez que nos vimos.

—Primero que nada, felicidades por el mensaje que escribiste en el reporte anual —dijo Debbie con entusiasmo—. Me confirmó por qué estoy tan comprometida con esta compañía.

—Gracias —dijo Jeff—. En las últimas semanas, ¿has aprendido algo que los haya ayudado a ti y a tu equipo a poner en práctica su visión?

—Dos cosas importantes me vienen a la mente —respondió Debbie—. En primer lugar, traté de delegar más, así pude tener más tiempo para pensar en el futuro. Realmente me ayudaste a ver cuál es mi responsabilidad en ese tema; me percaté de que, si no pienso en el porvenir, probablemente nadie del equipo lo hará.

EL TRABAJO DEL LÍDER

ES HACER TIEMPO EN EL PRESENTE

PARA ASEGURARSE DE QUE HAYA UN MAÑANA.

—Correcto —respondió Jeff—. Siempre se ha dicho que ver el futuro es una responsabilidad que no puede delegarse; se puede compartir, pero el trabajo del líder es hacer tiempo en el presente para asegurarse que haya un mañana.

—En segundo lugar, he decidido restablecer mi equipo. Entendí que las ventajas de éste superan por mucho las desventajas, y que es más probable que alcancemos el futuro planeado si trabajamos juntos.

—Parece que ha sido un gran mes para ti. ¿Algo más? —preguntó Jeff.

—He platicado con mi gente acerca de tus preguntas. Tenemos propuestas, pero seguiremos trabajando en ellas para afinarlas en los próximos días.

—Veamos lo que ya tienes —propuso Jeff.

Pasaron los siguientes 20 minutos revisando lo que Debbie había hecho. Como de costumbre, Jeff la escuchó atentamente y de vez en cuando la interrumpía para hacerle preguntas.

Debbie no fue capaz de dar respuesta inmediata a la mayoría de ellas, pero tomó varias notas.

—Usemos el tiempo que queda para hablar de tu equipo —dijo Jeff.

—Creí que veríamos la I del modelo de SIRVE —protestó Debbie con respeto.

—Eso haremos —dijo Jeff mientras se acercaba al pizarrón y escribía a un lado de la letra I.

Ser capaz de ver el futuro
Involucrar y capacitar a otros
R
V
E

—Como puedes ver, la I significa *Involucrar y capacitar a otros* —continuó Jeff—. Debes tener a las personas correctas en la posición correcta e involucradas en su trabajo, si quieres lograr las metas que te planteaste para el futuro. Todo lo que logres como líder dependerá de la gente con la que colabores; si no eliges bien, tu éxito como líder será considerablemente limitado.

—¿Podrías decirme a qué te refieres con "involucrar"? —preguntó Debbie con curiosidad.

—Con gusto. Para mí, involucrar tiene dos partes diferentes; la primera de ellas tiene que ver con la selección. Si no elegimos a las personas correctas para el trabajo correcto, habremos cometido un gran error de liderazgo.

—Que después tendremos que corregir… —añadió Debbie.

—Sí, pero nunca subestimes el tiempo y la energía que se necesitan para "corregir". El costo de una mala decisión es gigantesco. "Corregir", si quieres llamarlo así, supone tiempo y desgaste tanto mental como emocional. Además, mientras solucionamos el problema siempre hay más gastos en la compañía; por ejemplo: el costo del mal desempeño y las oportunidades perdidas, el de seleccionar, contratar y capacitar una nueva persona, y no te olvides del costo moral.

—¿Qué quieres decir con eso? —preguntó Debbie.

—Cuando un equipo tiene mal desempeño, otras personas pueden sufrir las consecuencias —dijo Jeff—. Los integrantes del equipo no siempre lo dirán, pero es un hecho que, si les afecta, pueden desanimarse fácilmente.

—Ya me ha pasado —expresó Debbie.

Jeff asintió.

—Como líderes, si no reconocemos y corregimos nuestros errores, perderemos credibilidad frente a nuestro equipo de trabajo. No obstante, no siempre es fácil para un líder admitir sus errores y emprender acciones correctivas; por eso los mejores líderes trabajan con esmero para elegir buenas personas. Y por eso acabo de tener una cuarta entrevista con uno de los candidatos al nuevo puesto.

—¿Son realmente necesarias las cuatro entrevistas? —preguntó Debbie.

—La mayoría de las veces, sí. Con eso no sólo nos aseguramos de que el candidato sea la persona correcta, sino de que tenga la certeza de que somos su mejor opción. Una de las cosas que hago durante las entrevistas es que a todos los aspirantes les doy tiempo para que me hagan preguntas.

Para Debbie, esa idea resultaba completamente extraña.

—¿Entrevistarte a ti?

—Sí, siempre utilizo una parte del tiempo para que puedan hacerme cualquier pregunta acerca de mí, el trabajo o la compañía. Puedes aprender muchísimo sobre las personas a partir del tipo de preguntas que plantean; así que realmente es una situación beneficiosa para todos: ellos tienen los elementos necesarios para tomar una buena decisión y yo también. Antes de integrar una persona nueva a mi equipo, quiero saber lo más que pueda sobre ella y que ella también sepa todo sobre nosotros.

—Ésa es una gran idea —dijo Debbie.

—Aún hay otra parte del proceso —añadió Jeff.

—¿Qué más podrías hacer? —preguntó Debbie, algo escéptica.

—Les doy a los candidatos una copia de mis referencias personales y profesionales para que puedan conocerme. Yo voy a revisar sus referencias, así que ¿por qué no dejar que ellos revisen las mías?

Debbie no podía creer lo que escuchaba: en la mayoría de sus entrevistas no pasaba más de 30 minutos con los candidatos. Ella no le daba a este aspecto de su trabajo como líder la importancia que Jeff pensaba que merecía. Quizá ésa era la razón de que hubiera tantas bajas en su equipo.

—¿Algo más? —preguntó Debbie en broma.

Jeff pensó por un momento.

—De hecho, sí, hay algo más. En la última entrevista siempre paso unos momentos tratando de convencer al candidato de que no acepte el trabajo.

—Debes estar bromeando. Después de todo lo que has invertido en el proceso, pensé que tratarías de cerrar el trato.

—Si puedo disuadir a un candidato de que acepte el trabajo, esa persona no necesita formar parte de nuestro equipo. Prefiero que tome esa decisión antes de contratarlo que seis meses o un año después; es mejor perder un candidato que un integrante de mi equipo.

—Necesitaré tiempo para procesar eso —reconoció Debbie.

—Está bien. Te daré una frase para que pienses en ella; es de Peter Drucker, experto en administración y liderazgo. Una vez le preguntaron: "¿Cuál es la decisión más importante para un directivo?" A lo que él respondió: "Quién hace qué". La primera parte del concepto *involucrar* consiste en tener a la gente correcta en el trabajo correcto. La otra parte tiene que ver con el nivel de participación de la gente en una causa, en su trabajo y como líderes. Tú como líder quieres algo más que su trabajo: deseas ganar su mente y su corazón. Por lo general yo digo que, con cada par de manos que uno contrata, obtiene un cerebro gratis. Desafortunadamente, muchos líderes no piensan así; es como si en la puerta principal de su compañía tuvieran un gran letrero que dijera:

DEJEN SUS CEREBROS AL ENTRAR; SE LES REGRESARÁN CUANDO SALGAN DEL EDIFICIO.
La administración.

—Aunque nunca he visto un letrero como ése, he conocido líderes de grandes y pequeñas compañías de todo el mundo que tratan a sus empleados de esa manera. Es una lástima; la pérdida de potencial humano es incalculable. Los grandes líderes no toleran ese tipo de comportamiento.

Debbie podía notar la pasión de Jeff en este asunto.

—La única forma en la que podemos usar esos cerebros —continuó Jeff— es involucrando a las personas en la causa y en el trabajo. Y una vez que tienes su cerebro, es más probable que consigas su corazón. Entonces habrás conseguido algo.

"Uno de mis ejemplos históricos favoritos es la historia de Espartaco, esclavo que encabezó un levantamiento contra el gobierno romano. Si alguna vez has visto la película, probablemente recordarás la escena, casi al final de la cinta, en que los esclavos son capturados por los romanos. El general romano les dice que, si le revelan quién es Espartaco, les perdonará la vida. En ese momento Espartaco se levanta y dice: "Yo soy Espartaco". De forma inesperada, el esclavo que estaba junto a él también se pone de pie y dice: "Yo soy Espartaco", y lo mismo hacen los demás esclavos, hasta que toda la legión se pone en pie.

—He visto la película —dijo Debbie—. Es una escena muy inspiradora.

—Ése es uno de nuestros retos más importantes como líderes —dijo Jeff—: crear esos niveles de compromiso en los integrantes del equipo, de modo que, cuando como líderes enfrentemos un problema, nuestra gente esté con nosotros.

—Pero ¿cómo involucras a la gente de esa manera? —preguntó Debbie.

—Quizá nunca podamos involucrarnos de la manera en que Espartaco lo hizo —reconoció Jeff con una sonrisa—; sin embargo, tenemos una gran oportunidad de conquistar el corazón y la mente de nuestros colaboradores.

Como líder, invertirás gran parte de tu tiempo en tratar de averiguar cómo hacerlo.

—¿Podrías ser un poco más claro? —pidió Debbie.

—Déjame preguntarte algo: ¿cuáles son las cosas que más te gustan de tu trabajo? ¿Qué hizo que te involucraras por completo?

Debbie se quedó callada por un momento.

—Algunas cosas vienen a mi mente cuando pienso en los tiempos en los que estaba completamente comprometida con mi trabajo.

—Escríbelas en el pizarrón. A mí a veces me ayuda poner por escrito mis pensamientos —dijo Jeff.

Debbie se colocó enfrente del pizarrón y escribió lo siguiente:

- Mis metas estaban claramente establecidas.
- Sabía hacer lo que tenía que hacer, es decir, estaba bien capacitada.
- Tenía la información que necesitaba a tiempo.
- Mi jefe confiaba en mí.
- Contribuía al éxito de mi equipo de trabajo.
- Mi equipo y yo estábamos aprendiendo y creciendo.

Al terminar de escribir, Debbie se sentó y leyó su lista. Sus recuerdos de esos días eran maravillosos.

—Parece que sabes con exactitud cómo luce un ambiente que involucra a los demás —dijo Jeff—. Te apuesto a que puedo agregar cosas que no escribiste. Primero, creo que tus límites estaban bien establecidos.

—Sí —aceptó Debbie—. Sabía cuáles eran cuando comenzó el proyecto; todos los miembros del equipo los conocían.

—También se esperaba que descubrieras por ti misma cómo hacer las cosas, en lugar de sólo hacer lo que tu jefe quería —añadió Jeff.

—Correcto; me dijeron cuál era el objetivo y se me dio libertad en lo que haría para alcanzarlo.

—Pero supongo que también eras responsable del resultado.

—Claro. Sabía lo que tenía que producirse, cuándo y a qué costo. Era responsable; todos lo éramos.

—¿Cuál fue el resultado?

—Era excelente; hice algunos de los mejores trabajos de mi carrera en ese grupo —dijo Debbie con una gran sonrisa.

—¿Cómo te sentías mientras el proyecto estaba en proceso?

—Teníamos que trabajar duro; incluso hacíamos muchas horas extras. Estábamos cansados, pero teníamos mucha energía. Recuerdo una vez que mi supervisora fue a una de nuestras reuniones nocturnas; nos llevó pizza y dijo que estaba muy orgullosa del trabajo que estábamos haciendo. Nos recordó que ese proyecto iba a marcar la diferencia.

—Eso pensé. Te sentías valiosa y apreciada —dijo Jeff, enfatizando las últimas tres palabras.

—Sí. Creo que nunca me había puesto a pensar en eso, pero sí, así me sentía. Todos nos sentíamos así. El trabajo era importante para la compañía, así que también lo era para nosotros. —Al pensar en eso, Debbie sintió curiosidad—. ¿Cómo sabes tanto de nuestro proyecto?

—No sé nada acerca del proyecto, pero sí conozco algunos principios para involucrar a la gente. Los proyectos y las personas cambian; los principios no. Cuando los líderes se dan cuenta de que trabajan para su equipo, esas cosas pasan.

Debbie analizó la lista y consideró los puntos que Jeff mencionó.

—Me preocupa que a mi equipo no le doy esas cosas a menudo —dijo Debbie pensando en voz alta.

—Pero sabes lo que hay que darles; tengo la certeza de que harás las cosas necesarias para ayudar a tu gente a vivir la experiencia positiva que me acabas de describir.

LOS MEJORES LÍDERES

INVIERTEN EN CAPACITAR A SUS TRABAJADORES.

—¡Gracias! Tu confianza significa mucho para mí, Jeff. Ahora sólo necesito pensar en las formas de involucrar su mente y su corazón, no sólo sus manos.

—¡Exacto! —exclamó Jeff.

Debbie miró de nuevo el modelo SIRVE que estaba en el pizarrón.

—Creo que ya entiendo a qué te refieres con involucrar a otros, pero ¿qué quieres decir con capacitarlos?

—Es realmente sencillo —respondió Jeff—. Los mejores líderes invierten en el desarrollo de sus trabajadores; los demás, no.

—¿Qué se puede hacer para capacitarlos? —preguntó Debbie.

—Hay muchas maneras —dijo Jeff—. Capacitar a otros involucra generar las ganas de aprender y crecer, creando oportunidades de desarrollo, proporcionando recursos educativos...

—¡Y asesorando! —intervino Debbie.

—Sí, incluso asesorando —dijo Jeff—. Quizá quieras agregar ese tema a tu plan de desarrollo personal del próximo año.

Debbie tomó notas acerca del plan de desarrollo personal. No sólo no tenía uno; tampoco sabía cómo elaborarlo.

—¿Tienes alguna pregunta para que piense este mes? —preguntó Debbie, la pluma lista.

—Sí —dijo Jeff. Habló lento y pausado para que Debbie pudiera escribir todo.

- ¿Cuánto tiempo inviertes en buscar gente con talento para que se una a la compañía?

- ¿Cuáles son las principales características que buscas en la gente que escoges?
- ¿Hasta qué punto has involucrado con éxito a cada miembro de tu equipo?
- Menciona 10 procedimientos específicos que puedas hacer más eficientes para involucrar a tus colaboradores en el trabajo en equipo y con la compañía.
- ¿Qué has hecho para comunicar a tus colaboradores que cuando se realizan actividades orientadas a las metas del presente estás trabajando para ellos?
- ¿De qué manera alientas el desarrollo de los miembros de tu equipo?

—Empezaré a trabajar en ellas enseguida —dijo Debbie—. Esto en verdad me está ayudando y creo que estoy mejorando.

—Lo sé. Te veré en unas semanas. Si tienes alguna pregunta, no dudes en llamarme.

• • •

Esa noche, en casa, John escuchó a Debbie mientras le contaba lo que Jeff le había enseñado acerca de involucrar y capacitar a otros.

Al principio un tanto incrédulo, le hizo varias preguntas, en ocasiones las mismas que ella le había planteado a Jeff.

—De acuerdo —dijo finalmente—. Se escucha bien, pero ¿cómo vas a aplicar esos conceptos a tu situación en la oficina?

—Estoy trabajando en eso —dijo Debbie—. Por cierto, Jeff mencionó algo relacionado con un plan de desarrollo personal. ¿Qué es exactamente?

John se encogió de hombros.

—No estoy seguro, pero suena a algo bueno. Quizá es tiempo de visitar la biblioteca de nuevo.

—Gran idea —dijo Debbie.

Una visión con impacto

La siguiente semana, Debbie tenía una visión diferente del mundo; incluso llevó flores a la oficina y las colocó en el mostrador para que todos pudieran verlas. El jueves tenía una entrevista con miras a contratar al nuevo integrante de su equipo; esta vez pidió a Recursos Humanos que programaran dos reuniones con la candidata, con una duración de una hora cada una, en vez de los 30 minutos acostumbrados. Siguiendo el ejemplo de Jeff, Debbie preparó una breve lista de referencias para dársela a la aspirante. Sabía que algunas personas no darían una referencia positiva sobre ella, pero quería ser sincera y honesta.

El jueves se reunió con la candidata, una mujer un poco mayor que ella. Al terminar el encuentro, Debbie dijo:

—Gracias por tu tiempo. Si aún te interesa el trabajo, me gustaría que vinieras a otra reunión. Se que ésta es una decisión importante para ambas, así que la próxima vez quiero que me entrevistes a mí; puedes preguntar lo que desees. También preparé una lista de referencias mías, tanto personales como profesionales, por si quieres revisarlas; incluso puedes llamar a los números que aparecen ahí.

"Tengo que ser honesta contigo: algunas de esas personas no tienen buena opinión sobre mi pasado como líder; sin embargo, estoy comprometida a convertirme en un gran líder… El equipo hará cosas increíbles y tú puedes ser una de las personas que nos ayuden a lograrlo.

La candidata parecía sorprendida.

—Nunca en mi vida un posible jefe me había dado una lista de referencias —dijo—. Agradezco tu sinceridad, pero… —vaciló la mujer.

—¿Qué pasa? —preguntó Debbie.

—Revisaré tus referencias, pero tengo el presentimiento de que podríamos trabajar muy bien juntas —dijo con una sonrisa.

Más tarde, Debbie fue a la biblioteca y buscó a la bibliotecaria.

—Hola de nuevo —saludó Debbie.

La bibliotecaria la vio y se dibujó una sonrisa en su rostro.

—Hola —contestó.

—Me temo que no sé cuál es tu nombre.

—Me llamo Jill —respondió—. ¿En qué puedo ayudarte?

—Me gustaría saber más acerca de los planes de desarrollo para las personas.

—Ah, sí —dijo Jill—. También se les conoce como planes de desarrollo personal (PDP) y planes de desarrollo individual. Tenemos muchos títulos sobre el tema. —Jill condujo a Debbie al lugar donde se encontraban los libros y le preguntó—: ¿Qué más puedo hacer por ti?

En ese momento Debbie recordó el comentario de Jeff acerca de que los grandes líderes siempre buscan gente talentosa para que formen parte de sus compañías. Ella nunca se había esforzado por buscar a los posibles candidatos; siempre confiaba en que los de Recursos Humanos le enviarían a alguien. Sin embargo, durante la semana Debbie había sido capaz de responder a una de las preguntas que Jeff le había hecho acerca de involucrar y capacitar a otros: ¿cuáles son las principales características que buscas en la gente que escoges? Su lista incluía voluntad de servir, amabilidad, astucia y habilidades de comunicación.

Debbie estaba frente a la persona que parecía reunir todas esas características.

—Jill, ¿alguna vez has considerado cambiar de trabajo?

—En realidad, sí. Sólo que no he encontrado el empleo correcto en la compañía adecuada.

—¿Qué te parecería formar parte de mi equipo? —preguntó Debbie.

—¿Haciendo qué?

—Lo mismo que haces aquí.

—¿Ayudar a la gente a encontrar libros?

—En cierto modo, sí; ayudar a la gente. En nuestra compañía vendemos productos, pero nuestra pasión es ayudar. Parece que eso te gusta mucho.

—La verdad es que sí —reconoció Jill.

—Te daré una solicitud. Hay que seguir un proceso largo, complejo y riguroso, que requiere numerosas entrevistas; debo decirte que su finalidad no es convencerte de que trabajes con nosotros, sino que juntas decidamos si tiene sentido para ti que te unas a nuestra compañía. Nos interesa encontrar el puesto ideal para las personas; en caso de no ser así, preferiría que fuéramos amigas y que sigas trabajando en otro lugar. Así que, ¿estás interesada? —preguntó Debbie con optimismo.

—¡Sí, claro que sí! Pero por ahora… tu pregunta era acerca de los planes de desarrollo.

• • •

Debbie salió de la biblioteca una hora después con algunos libros, un par de artículos y un modelo que podía usar a fin de crear su propio plan de desarrollo personal, para no hablar de un posible nuevo integrante de su equipo.

De regreso en la oficina, Debbie comenzó a trabajar en involucrar y capacitar a otros. Contratar era parte importante de la ecuación y se sentía bien después de su plática con Jill; no obstante, sabía que por ahora debía involucrar a los empleados que ya tenía. La siguiente junta de equipo sería un buen comienzo.

Aunque Debbie tenía ya la aportación de cada colaborador respecto a las preguntas de Jeff sobre el futuro de la compañía, ésta sería su primera reunión desde que el equipo había sido restablecido. Desde luego, esperaba cierto escepticismo.

—Estoy contenta de que estemos de nuevo juntos —dijo Debbie cuando comenzó la reunión—. Tengo que confesarles algo: cometí un error al cancelar nuestras reuniones, ya que éstas pueden ser un lugar para apoyarnos, resolver problemas, colaborar, fomentar la creatividad e informar de las dificultades que se presentan. Empleado de la manera correcta, este tiempo puede multiplicar nuestro impacto; juntos somos más fuertes que separados. Si queremos llegar a la meta, sólo lo lograremos trabajando conjuntamente.

Charles levantó la mano.

—Sí, Charles —dijo Debbie.

—¿Exactamente cuál es nuestra meta?

Por un momento, Debbie se quedó sin palabras. Entonces se acordó de la forma como Jeff solía responder cuidadosamente todas sus interrogantes.

—Ésa es una excelente pregunta—dijo con una sonrisa—. Hablemos de ello.

Probablemente, ésa fue la conversación más productiva que había tenido el equipo. Debbie escuchó las aportaciones de los demás y expresó sus puntos de vista durante la plática. Al final de la junta, todos tenían idea de lo que querían para el futuro. El equipo decidió proponerse una meta ambiciosa: dejar de ser los peores para ser los mejores y crear fidelidad tanto en vendedores como en clientes. Ése sería su reto para los meses venideros.

—Los clientes fieles hablarán bien de nosotros y actuarán como si fueran parte del equipo de ventas —dijo Debbie.

Terminó la junta diciendo:

—Me he dado cuenta de que pasamos trabajando la mayor parte del tiempo que estamos despiertos; por eso quiero hacer esa experiencia lo más satisfactoria y enriquecedora posible para todos nosotros. En nuestra próxima reunión pensaremos cómo podremos lograr lo que hablamos hoy. Su tarea es comenzar a pensar en los obstáculos que tendremos que superar y las metas a corto plazo que queramos establecer. —Debbie se sintió motivada al ver las caras de entusiasmo de sus colaboradores.

"Gracias por dar lo mejor de ustedes para resolver estos problemas. Sé que en el pasado fui un poco distante y estricta, pero créanme cuando les digo que me encantaría hablar con cualquiera de ustedes sobre este tema antes de la próxima junta. Y, por favor, ténganme paciencia: cuando se trata de administración, ¡sigo aprendiendo!

Cuando terminó la junta, cuatro de los ocho integrantes del equipo de Debbie se acercaron a ella e hicieron comentarios positivos. Ella podía sentir una nueva energía en el grupo. *Quizá este nuevo método de liderazgo está funcionando,* pensó.

Esa noche Debbie comenzó su tarea: investigar sobre planes de desarrollo personal. En medio de su búsqueda encontró una idea que le pareció muy acertada. Aunque era de sentido común, nunca lo había pensado; era algo simple, claro y significativo:

Aprovecha tus fortalezas

Esta idea no sólo puede ayudarme —pensó—; *también puede ayudar a cada miembro de mi equipo.*

• • •

Era tiempo de otra reunión con Jeff. Debbie esperaba con ansias la oportunidad de contarle todo lo que había ocurrido.

Lo primero que dijo Debbie al llegar a la oficina de Jeff fue:

—Creo que hoy deberíamos hablar de la letra R; quiero saber más. Tengo tanto que contarte que tal vez tenga que esperar hasta la próxima junta para decírtelo. ¿Está bien?

Jeff estaba encantado al ver el entusiasmo de Debbie.

—Es tu tiempo. ¿Por dónde quieres empezar?

Debbie le habló de la junta que había tenido con sus colaboradores y del avance que estaban registrando; también le dijo que Jill sería una candidata increíble para su equipo.

—Por tu entusiasmo y por lo que me cuentas, creo que comienzas a entenderlo —dijo Jeff—. ¿Qué puedo hacer para ayudarte?

—Dime si estoy en el camino correcto. Al investigar sobre los planes de desarrollo personal encontré una idea que me impresionó mucho. Como sabes, siempre he pensado que tengo que "arreglar" a las personas; sin embargo, con base en lo que he estado leyendo, ahora me parece mejor "colocar" a las personas en el trabajo correcto y ayudarlas a aprovechar sus fortalezas, en vez de "arreglarlas" después. Si esa idea es correcta, tendré que cambiar la forma en la que hago algunas cosas. ¿Tú qué piensas?

—Ése es otro descubrimiento que hiciste como líder —dijo Jeff con una sonrisa—. Muchos líderes nunca llegan a entenderlo; pasan toda su carrera tratando de que las personas hagan algo para lo que no tienen el talento o la disposición. Por eso es muy importante involucrar a la gente correcta. Cambiar a las personas —o "arreglarlas", como tú dices— es algo muy difícil.

"Déjame añadir —continuó Jeff— que las personas pueden desarrollar habilidades nuevas y perfeccionar las que ya tienen. Incluso pueden desarrollarse habilidades que no son innatas. Por eso creo que la capacitación es esencial; el propósito de capacitar a los empleados no es tratar de arreglarlos. Hace tiempo escuché una gran frase: "Sin importar cuánto lo intentemos, hay cosas que simplemente no podemos cambiar". Muchos líderes invierten gran cantidad de tiempo, energía y dinero en lecciones de vuelo para personas que nunca aprenderán a volar. Como líderes, debemos estar dispuestos a aceptar el hecho de que ciertos individuos nunca aprenderán a hacer ciertas cosas, y eso está bien.

—¿Entonces? —Debbie sintió que había aprendido algo, pero no estaba segura del significado que tenía.

—Utilizaré otra frase de Peter Drucker: "El objetivo de un líder es aprovechar las fortalezas de sus trabajadores y hacer que sus debilidades se vuelvan irrelevantes".

—¿Puedes decirme lo que esa frase significa en nuestro día a día?

—De acuerdo. Comencemos con una pregunta: ¿en tu equipo hay quien tenga alguna dificultad?

—Sí; Charles ha tenido problemas desde que se unió a la compañía. Trabajé con él durante varios días; pero, siendo honesta, no pareció servir de nada.

—Quizá necesitas trabajar con él para entender el concepto de "arreglar" a las personas: ¿cuáles son sus fortalezas?, ¿están relacionadas con su trabajo?, ¿está en el puesto correcto? Si crees que está en el lugar indicado, deberás plantearte otros cuestionamientos: ¿ha recibido la capacitación adecuada?, ¿entiende claramente cuáles son sus responsabilidades?

"Una vez que estés convencida de que cada uno está en el lugar correcto, el desarrollo puede ayudar a solucionar problemas, cerrar cualquier brecha que pueda estar deteniendo el progreso de alguien, e incluso preparar a tu gente para futuras oportunidades; todo eso es posible si las personas están en el lugar que les corresponde. Ayudar a la gente a aprovechar sus fortalezas es uno de los aspectos más satisfactorios del trabajo de un líder.

Sabía que esto era importante, pensó Debbie. También sabía que una plática con Charles podría ser algo magnífico, así que escribió una nota para acordar una reunión con él lo más pronto posible.

—Gracias, Jeff. Me has ayudado a entender cómo y por qué aprovechar las fortalezas es algo crítico. Aunque no hayamos hablado sobre la R, ya sé cuál es mi próxima tarea.

—¿Cuál es?

—Me reuniré con Charles y veré cómo puedo apoyarlo.

¿Cómo podría mejorar?

Al otro día por la mañana, Debbie llamó a Charles para programar una junta; acordaron reunirse a las tres de la tarde del día siguiente. Debbie le explicó a Charles que su objetivo principal era apoyarlo, y que para ello necesitaba entender por completo su situación.

Cuando iba de camino a su oficina a la hora fijada para la reunión, Debbie se sentía ansiosa pero optimista. Creía que la conversación que sostendría con Charles le permitiría ayudarlo; quería que él disfrutara de su trabajo y que fuera exitoso.

La junta resultó ser muy amena. Debbie hizo un buen trabajo al poner el problema en perspectiva; realizó preguntas abiertas y escuchó con atención. Aunque no llegaron a ninguna conclusión definitiva, Charles aceptó la idea de desarrollar sus fortalezas; admitió no tener claro cómo aplicarlas a su trabajo como director de proyecto, pero se comprometió a buscar la manera de hacerlo. Por su parte, Debbie comprendió que podría apoyarlo brindándole más entrenamiento y orientación.

Ambos descubrieron que habían tenido un avance y acordaron reunirse la siguiente semana para continuar la conversación.

Debbie notó que cada vez hacía más cosas propias de los grandes líderes, como ayudar a sus colaboradores a crear y hacer suya una visión convincente, invertir buena parte de su tiempo en apoyarlos para que fueran capaces de alcanzar sus metas. Además, estaba esforzándose por conseguir a las personas adecuadas para su equipo y lograr el compromiso de quienes ya estaban en él. Le parecía verdaderamente agradable su redefinido rol como jefa de equipo. Las personas respondían y los resultados aumentaban; estaba ansiosa por darle a Jeff un reporte completo.

• • •

Cuando llegó el día de la cita con Jeff, Debbie estaba lista.

—Buenos días, Jeff.

—Buenos días, Debbie.

Antes de tomar asiento, Debbie dijo:

—Necesito saber el resto del secreto. Siento que apenas estoy un poco por delante de mi equipo en esto. Veamos la R hoy, ¿de acuerdo?

Jeff sonrió; lo complacía la urgencia de Debbie.

—¿Hiciste tu tarea?

—Sí. Tuve una muy buena junta con Charles; te mantendré informado de ello. Si el resto del modelo SIRVE es tan bueno como las primeras dos partes, no hay límite para lo que podremos alcanzar.

—Ya te has dado cuenta, ¿no es así?

—Eso creo —dijo Debbie mientras lo pensaba por primera vez—. El poder del liderazgo eficiente.

—Estás en lo correcto; el poder del liderazgo impulsado por la pasión de ayudar a otros. No olvides desafiarte a ti misma con la pregunta.

—¿Cuál pregunta?

—Como líder, ¿sirvo a otros o me sirvo a mí mismo? La respuesta correcta marca la diferencia en el mundo. —Jeff hizo una pausa por un momento para que la información se fijara en la mente de Debbie—. Bien —continuó—. ¿Qué crees que signifique la R?

—Lo he pensado. Aquí van mis suposiciones:

- ¿Reunir las tropas?
- ¿Reactivar la compañía?
- ¿Recordar a los Titanes?
- ¿Realmente intentar más?

Jeff sonrió.

—Son buenas suposiciones, pero no. —Caminó hasta el pizarrón blanco y escribió sólo dos palabras junto a la R

Ser capaz de ver el futuro
Involucrar y capacitar a otros
Reinventar constantemente

V

E

—*Reinventar constantemente* —leyó—. Suena como una frase de moda entre los asesores.

—Puede ser, pero es la mejor que encontré. He escuchado otros términos, como "insatisfacción creativa", "sano desacato al *statu quo*", "mejoramiento continuo", etcétera. Aunque todos son buenos, ninguno es tan expresivo como "Reinventarse constantemente". Además, ninguno empieza con R.

Debbie rio y agregó:

—El modelo perdería sentido si se llamara ¡SEIVE o SESVE!

—¡Exacto! —exclamó Jeff con una risa ahogada.

—Entonces, ¿cómo debo aplicarlo en mi día a día?

—Es un gran concepto y tiene una influencia tremenda en lo que los grandes líderes hacen. Para poder explicártelo, lo he seccionado en tres componentes.

—Estoy lista —dijo Debbie mientras abría su libreta en una página en blanco.

—Primero, los grandes líderes se reinventan constantemente a nivel personal; siempre buscan aumentar su conocimiento y habilidades. Les gusta leer y están abiertos a todo aprendizaje que los ayude a desempeñarse mejor.

Los grandes líderes encuentran su propio método para aprender: algunos leen, otros ven videos; hay quienes escuchan audiolibros o *podcasts* y quienes pasan tiempo con asesores. Todos quieren seguir aprendiendo. Creo que, si dejas de aprender, dejas de liderar.

Debbie reflexionó por un momento.

—¿Por qué aprender es tan crucial para los líderes? Pareciera que, una vez que sabes cómo hacer tu trabajo, puedes dedicar tu tiempo y atención a cosas más importantes.

SI DEJAS DE APRENDER,

DEJAS DE LIDERAR.

—Hay muchas razones. Una es que el líder debe moldear el comportamiento que desea que los demás imiten. Si no tomo en serio la reinvención personal, podrías apostar a que la mayoría de mi equipo tampoco lo hará.

"Otra razón por la cual es crucial aprender es la supervivencia. Todos debemos aprender a reinventarnos constantemente para mantener el nivel de nuestros competidores y la tasa de cambio en nuestro mundo.

"Después está el hecho de que muchas respuestas que antes funcionaban, en la actualidad son obsoletas. Debemos tener pensamientos frescos e innovadores, así como ideas nuevas para responder adecuadamente a los desafíos que enfrenta nuestra compañía.

"Y, si eso no es suficiente —añadió Jeff—, creo que la reinvención personal debería ser una de las prioridades de todo líder porque tenemos la responsabilidad administrativa de maximizar los dones que Dios nos concedió, y eso sólo es posible si aprendemos y crecemos continuamente. Es una forma de desarrollar nuestras fortalezas, como lo platicamos en la última junta.

—Muy bien —dijo Debbie con una sonrisa—. Me convenciste.

—El segundo componente de reinventar constantemente tiene que ver con sistemas y procesos. Los grandes líderes siempre están buscando respuestas a preguntas como éstas: ¿cómo podemos hacer mejor nuestro trabajo?, ¿cómo podemos hacerlo con menos errores?, ¿cómo podemos hacerlo más rápido?, ¿cómo podemos hacerlo con menos recursos? Los líderes deben inculcar el deseo de mejorar en quienes trabajan día con día; deben brindar su apoyo, pero el personal es quien lo hace o no.

—Nuestro equipo necesita plantearse esas preguntas —observó Debbie—. Aunque los resultados han mejorado un poco en los meses recientes, no se acercan al objetivo.

—Creo que esas preguntas y otras parecidas ayudarán a tu equipo durante el proceso de planeación. Ten en mente que, como líder, necesitas plantearte esas interrogantes todo el tiempo.

"Ahora bien, el tercer componente de reinventar constantemente es la reinvención estructural —continuó

Jeff—. Muchos asumen que una estructura organizacional es permanente. Pero en varios casos ésta deja de
servir al negocio; por el contrario, es el personal quien
termina trabajando para la estructura. Los grandes líderes no cambian la estructura organizacional sólo porque sí;
no obstante, saben que debe tener fluidez y flexibilidad.
Otros líderes no tan competentes tienden a dejar que la
estructura guíe sus decisiones en lugar de adaptarla para
que cumpla con las cambiantes demandas del negocio.

—Reinventar constantemente es un gran concepto
—admitió Debbie—. Creo que tengo mucho trabajo por
hacer.

—Ya empezaste: en primer lugar, trabajas en un plan
de desarrollo, lo que equivale a reinventar a nivel personal; preguntas a tus colaboradores cómo pueden modificar sus procesos laborales para mejorar el rendimiento;
por último, restableciste tu equipo de trabajo porque sen-
tiste que te daría mejores bases para lograr lo que necesitas hacer. ¡Vas por buen camino!

—Aprecio tu voto de confianza; hago lo que puedo.
¿Tienes preguntas para que reflexione sobre este tema?

—Por supuesto. Aquí van algunas.

- ¿Quiénes son tus mentores?
- ¿Lees o escuchas alguna cinta?
- ¿Qué sistemas o procesos deben cambiar en el área
  a tu cargo para que mejore el desempeño?

- ¿Cómo podrían reorganizarse las áreas a tu cargo para mejorar su desempeño?

—Gracias, Jeff —dijo Debbie mientras terminaba de anotar las preguntas—. Tus ideas y apoyo significan mucho para mí, más de lo que te imaginas. Como siempre, no puedo esperar a nuestra siguiente junta.

¿Qué es el éxito?

De vuelta en su oficina Debbie notó que, a juzgar por las sonrisas, las risas y las bromas, los ánimos estaban mejorando. Tenía la esperanza de que pasara lo mismo con el desempeño, por lo que seguía escuchando a sus colaboradores lo más que podía y buscaba la manera de servirlos. También delegaba más, lo que le permitía tener más tiempo para pensar en el futuro. Ahora era ella quien buscaba a los posibles candidatos en lugar de esperar a que Recursos Humanos le mandara a alguien; dedicaba más tiempo a las entrevistas y trabajaba con determinación para involucrar el corazón y la mente de sus trabajadores.

Aunque algunas veces todo parecía abrumador, sabía que estaba sentando las bases para cosas más grandes y mejores. Mientras se preparaba para la siguiente junta con su equipo, y como realmente quería hacer que éste se involucrara en el objetivo de reinventar constantemente, envió un correo electrónico.

Enviar a: Equipo 7

De: Debbie

Asunto: Próxima junta

Fecha: 1 de marzo

Medida solicitada: Ver a continuación

Con miras a nuestra próxima junta, por favor traten de identificar al menos un procedimiento que hagamos en el departamento y que crean que puede eliminarse con pocas o consecuencias o ninguna. Si queremos lograr todo lo que dijimos en nuestra última reunión, debemos suprimir aquello que no esté aportando ningún valor significativo a los clientes, al equipo o a la compañía. Espero sus propuestas.

Esto producirá el cambio necesario, pensó. Y así fue.

• • •

Debbie empezó la junta con la idea de reinventar continuamente; retó al grupo a comenzar de inmediato con la eliminación de procedimientos poco valiosos. Se comprometió a ayudarlos a mejorar el proceso de trabajo para hacer las cosas mejor, con mayor rapidez y menores costos para la compañía.

Al principio la gente no quería expresar sus opiniones, porque aún desconfiaban de los motivos de Debbie, pero poco a poco, uno tras otro, los miembros del equipo empezaron a compartir sus ideas. Glenda sugirió eliminar uno de los reportes mensuales que hacía; dijo que no sabía cuánta gente lo usaba, además de que todos tenían la información en su computadora. Cuando Debbie preguntó a los demás qué pensaban, todos estuvieron de acuerdo con Glenda: la mayoría no usaba el reporte y los pocos que sí lo aprovechaban confesaron que nunca habían pensado en la información que tenían en su computadora.

Con el fin de manejar las expectativas y minimizar el descontento de sus trabajadores, Debbie explicó que, si bien no podrían aprobar todas las ideas, la discusión sería muy importante. Al final de la reunión se habían aceptado siete propuestas de las miles que se discutieron.

También hablaron del próximo año. Debbie tomó un rotafolio y lo colgó en la pared.

—Ésta es la situación actual de nuestro plan para el siguiente año.

Charles dijo:

—Está en blanco.

—Sí, y ése es el punto. Necesitamos crear un plan que nos ayude a alcanzar la meta de crear vendedores y clientes fieles…, a partir de esta hoja en blanco.

Eso condujo a un gran debate sobre las metas, estrategias y tácticas que podrían ponerse en marcha. La pregunta que más inspiró fue la siguiente: ¿qué necesitamos cambiar para mejorar significativamente nuestro servicio el próximo año?

Después de la junta, Debbie tuvo conversaciones individuales con algunos miembros del equipo acerca de su trabajo ese año y el próximo. Muchas de las pláticas condujeron a mejoras en el departamento. Varios integrantes del equipo preguntaron si podían dedicar parte de la próxima junta a solucionar problemas actuales, lo que a Debbie le pareció una idea grandiosa.

Había estado tan concentrada en el futuro que se había olvidado de dejar que el equipo se concentrara en el presente.

Debbie recordó la plática que tuvo con Jeff sobre el futuro versus el presente; por ello, de inmediato modificó el plan de la próxima junta a fin de dedicar tiempo a solucionar problemas actuales.

• • •

Antes de que pudiera darse cuenta, llegó el día de la junta con Jeff. Debbie no podía esperar a contarle cómo sus colaboradores habían comenzado a reinventar el trabajo mediante la eliminación de procedimientos que no aportaban valor. También quería hablarle de Jill, quien en unos días se incorporaría al equipo.

Cuando Debbie llegó a la oficina de Jeff, éste tenía varias pilas de copias en su escritorio.

—¿En qué estás trabajando hoy? —le preguntó ella con una sonrisa.

—Trato de ponerme al corriente con el desempeño de algunos equipos —dijo Jeff—. Noté que el desempeño de tu equipo ha mejorado.

—Sí, pero todavía nos falta mucho camino por recorrer.

—Felicidades por esa mejora; creo que se relaciona muy bien con lo que veremos hoy.

—¿Hablaremos sobre la letra V?

—Sí; hoy hablaremos del éxito.

—¿El éxito? —Debbie parecía sorprendida—. Ayúdame a entender qué tiene que ver el éxito con la V.

—Hoy en día, mucha gente no entiende lo que verdaderamente es el éxito. Casi siempre lo relacionan con el deseo de obtener ganancias (dinero). No me malinterpretes: el dinero es necesario, pero creo que el éxito va más allá.

—¿Qué tienen que ver el dinero y el éxito con la V?

Jeff se volteó y escribió en el pizarrón.

Ser capaz de ver el futuro
Involucrar y capacitar a otros
Reinventar constantemente
Valorar los resultados y las relaciones con los demás
E

—La V significa *Valorar los resultados y las relaciones con los demás* —explicó—. Los grandes líderes, esto es, los que lideran en los niveles más altos, valoran ambos elementos;

son los que aseguran el éxito a largo plazo. Durante mucho tiempo, los líderes pensaron que debían escoger uno solo; muchos dirigentes corporativos han asegurado que todo se basa en los resultados.

LAS GANANCIAS Y LA SOLIDEZ FINANCIERA SON LA RECOMPENSA DEL TRABAJO BIEN HECHO.

"En realidad, los líderes siempre se someten a dos pruebas: ¿están obteniendo resultados? y ¿tienen seguidores? De hecho, si un líder no tiene seguidores, es muy difícil que obtenga resultados a largo plazo.

"Como líder, puedes maximizar tus resultados teniendo expectativas altas, tanto para los resultados como para las relaciones. Si podemos tener a nuestros clientes contentos y crear un ambiente de trabajo que motive a los empleados, las ganancias y la solidez financiera serán la recompensa del trabajo bien hecho. Como puedes ver, el éxito se compone tanto de los resultados como de las relaciones; está comprobado.

Debbie estuvo de acuerdo.

—Debbie, vi en tu currículum que en la universidad jugabas voleibol en un equipo altamente competitivo.

—Sí; de hecho llegamos al torneo nacional dos veces.

Jeff pudo notar el orgullo en su voz.

—¿Quién era tu entrenador?

—Joan Hammond.

—Aunque no tengo el gusto de conocerla, te aseguro que puedo decirte algo sobre ella. Esperaba ver resultados y tú tenías buena relación con ella, ¿no es así?

Debbie sonrió.

—Tienes razón; era muy exigente, pero aun así la queríamos. Además, todas sabíamos que debíamos dar resultados.

—Para que tu equipo fuera tan bueno como creo que lo era, es casi seguro que la entrenadora Hammond era excelente líder. Personas como ella aportan retos y apoyo, ya que esperan resultados y además tienen buena relación con los integrantes de su equipo.

—Nosotras habríamos hecho cualquier cosa que ella nos hubiera pedido; confiábamos en ella. Pero eso era sólo un deporte; como líder del mundo empresarial, ¿cómo puedo demostrar que valoro los resultados y las relaciones con los demás? —preguntó Debbie.

—De la misma forma como la entrenadora Hammond lo hacía. ¿Cómo sabes que ella valoraba los resultados?

—De muchas maneras, creo; nunca había pensado en eso. Ella tenía altas expectativas y nosotros metas claras. Teníamos un gran sentido de la responsabilidad y trabajábamos para solucionar los problemas que afectaban nuestro desempeño; además, organizaba fiestas para celebrar los triunfos.

—¡Exacto! De esa forma tu entrenadora les hacía ver que valoraba los resultados.

—Ésas son cosas que hasta cierto punto hago, pero definitivamente puedo mejorarlas —admitió Debbie.

—Y acerca de las relaciones con los demás, ¿cómo sabes que para ella eran valiosas?

Mientras Debbie decía sus opiniones, Jeff las escribía en el pizarrón.

—La entrenadora Hammond sabía escuchar a los demás.

—Bien. ¿Qué más?

—Siempre tenía tiempo para nosotras; se preocupaba por cada una. Además, valoraba nuestro esfuerzo.

—Así que destacaba lo positivo, ¿verdad? —preguntó Jeff.

—Sí; alguna vez la oí describirlo como "ver las cosas que la gente hace bien".

—¿Algo más?

—Quizá hay más; pero ésas fueron las primeras cosas que me vinieron a la mente.

Cuando Jeff terminó de escribir en el pizarrón, ambos leyeron lo que Debbie había dicho:

- Escuchar
- Invertir tiempo
- Preocuparse por los demás
- Destacar las cosas positivas

—Es una gran lista —dijo Jeff—. Quizá contiene los fundamentos de lo que significan las buenas relaciones.

Sin embargo, hay algo importante que debes tener en mente al crear y fomentar relaciones significativas. Aunque todos tengamos algo en común, somos diferentes; cada persona tiene su personalidad y temperamento, por lo que establecer buenas relaciones no puede depender de una lista de actividades. Si tus intenciones son buenas y tus motivos válidos, mucha gente se unirá a ti.

"Como líder, hay otra cosa que siempre debes tener en mente. Valorar las relaciones es algo importante —continuó Jeff—. Según John Maxwell, "las personas no te darán su apoyo hasta que puedan ver tu corazón", y esto es algo que requerirá tu atención de manera constante.

"LAS PERSONAS NO TE DARÁN SU APOYO HASTA QUE PUEDAN VER TU CORAZÓN":

JOHN MAXWELL.

—Estoy dispuesta a hacer mi mayor esfuerzo —dijo Debbie.

—¡Genial! Me gustaría darte algunas preguntas para que pienses sobre el tema de hoy.

- ¿Cuánto énfasis pones en obtener resultados?
- De los miembros de tu equipo, ¿cuántos dirían que has hecho una inversión significativa en su vida?
- ¿De qué manera has expresado tu agradecimiento por el trabajo bien hecho en los últimos 30 días?

Debbie se sentía entusiasmada y agradecida al mismo tiempo.

—Gracias de nuevo, Jeff; he aprendido mucho.

—¡Me da gusto! Llámame si hay algo en lo que pueda ayudarte antes de nuestra próxima junta.

Credibilidad

La planeación estaba en marcha, y todos se involucraron en el proceso. Los integrantes del equipo de Debbie decidieron no dejar pasar más tiempo sin trabajar en sus problemas de desempeño, así que convocaron a una junta especial y determinaron lo que podrían hacer para resolverlos de inmediato. Debbie estaba orgullosa de ellos; la iniciativa era fresca y la idea de que el equipo resolviera sus dificultades era asombrosa. Pero eso no era todo: el desempeño seguía mejorando.

Debbie quería que el equipo supiera cuánto apreciaba su esfuerzo, por lo que decidió llevarlos a comer. Nunca antes había hecho algo así, pero sentía que era lo correcto. Fue idea de Jill que todos narraran su anécdota favorita de la infancia mientras esperaban la comida, pues deseaba conocer a sus compañeros más allá del trabajo. Ésa fue una razón más por la que Debbie se sentía complacida de haber contratado a Jill, quien podría ayudarla a ella y al equipo a valorar las relaciones. Jill lo hacía sin el menor esfuerzo; era obvio que amaba a las personas y que era correspondida.

El descubrimiento incitó a Debbie a invitar a Jill a comer un par de días después.

• • •

—Gracias por venir a comer conmigo el día de hoy.

—Es un placer —respondió Jill.

—¿Cómo has sentido el cambio de la biblioteca al corporativo América?

—Ha sido muy agradable; todos son maravillosos. Me gusta el trabajo y ¡la iluminación es mucho mejor en mi nueva oficina!

Debbie rio.

—Siempre me he preguntado si es mi imaginación, pues la mayoría de las bibliotecas me parecen muy oscuras.

Después de ordenar, preguntó:

—¿Hay algo en lo que pueda ayudarte en tu trabajo?

—No tengo nada en mente por ahora —respondió Jill—. Estoy muy agradecida de que me hayas invitado a unirme al equipo. Más bien, ¿hay algo que yo pueda hacer por ti?

—Ya que lo preguntas —dijo Debbie con timidez—, hay algo en lo que requiero tu ayuda. Noté que te relacionaste de inmediato con la mayoría de tus compañeros.

—Sí, son excelentes personas; todos han sido muy serviciales.

—El otro día, cuando fuimos a comer, dijiste que querías conocerlos más allá de quienes son en el trabajo y la función que desempeñan.

—Así es, lo recuerdo. ¿Hay algún problema?

—Para nada; lo que haces es muy bueno. Me han recomendado esforzarme más para hacer ver a las personas que valoro los resultados y las relaciones con los demás. Pero parece como si aún enfocara la mayor parte de mi energía en obtener resultados.

—¿Cómo puedo apoyarte? —preguntó Jill.

—No estoy segura. Relacionarte con las personas te es tan natural que no tengo una sugerencia en específico. Es sólo que —Debbie vaciló, tratando de conectar sus pensamientos con su boca—, si tienes algún consejo sobre habilidades sociales, te lo agradeceré. Mi corazón me dice que hago lo correcto, pero no puedo expresar mis sentimientos.

—Por el momento no tengo ninguna idea; si se me ocurre algo, te lo diré.

• • •

La pasaron muy bien juntas. Debbie intuyó que podría ser el inicio de una gran amistad.

Mientras caminaban de regreso a la oficina, Jill dijo:

—Tengo una idea para ti.

—¿Cuál es?

—Haz lo que yo hice en un principio: averigua sobre su vida fuera del trabajo. Cuáles son sus metas, sueños y dificultades. Por ejemplo, hoy, cuando nos sentamos a comer, me preguntaste si podías ayudarme con algo del trabajo. Por qué no sólo dices: "¿Hay algo que pueda hacer por ti?"

A LAS PERSONAS NO LES IMPORTA LO MUCHO QUE SABES, HASTA QUE SABEN LO MUCHO QUE TE IMPORTA.

"Tal vez alguien necesita apoyo fuera del trabajo y, si le preguntas, puede ser que te permita conocer su mundo. Hace mucho tiempo me dijeron una frase muy sensata: "A las personas no les importa lo mucho que sabes, hasta que saben lo mucho que te importa".

—Gracias, Jill. Me has dado algo en que pensar.

La siguiente semana, Debbie pensó en el consejo de Jill. Interesarse en la vida personal de otros era raro para ella, incluso inadecuado, de modo que decidió pedir opinión a Jeff. Faltaba una semana para su junta, pero él le había dicho varias veces que, en caso de tener preguntas, lo llamara. Así pues, Debbie se puso en comunicación con el asistente de Jeff y agendó una conferencia telefónica de diez minutos para el día siguiente.

Llamó a las tres de la tarde, como estaba planeado.

—Hola, Jeff. Soy Debbie. Tengo una pregunta para ti.

—Por supuesto; ¿cuál es?

—Sigo esforzándome por valorar las relaciones con los demás, y quiero tu opinión respecto a algo. ¿Cuánto debe importarme lo que alguien hace fuera de la oficina?

—Dime más; necesito saber por qué preguntas.

—Quiero que las personas sepan que en realidad me interesan; entonces, ¿debería involucrarme en su vida privada, lo que les gusta hacer en su tiempo libre, sus metas, su pasado?

—Bien, creo que ya entendí la pregunta. Quieres saber si puedes ser su amiga y su compañera.

—No su compañera, ¡su jefa!

—De acuerdo. Eso depende de la forma en que tú, como líder, defines el éxito. Si tiene que ver con resultados y relaciones, habrás de correr algunos riesgos en el camino. Según esa definición de éxito, deberás ser capaz de decirle a Sally, Steve o cualquier otro colaborador: "Quiero tener una relación personal contigo, pero tú debes cumplir con lo que se espera de ti en función de tu posición en la compañía". Creo que ambas cosas son posibles.

"¿Puedes ser la mejor amiga de cada integrante de tu equipo? —continuó Jeff—. Es probable que no. Sin embargo, sí puedes tener una relación personal significativa con cada uno de ellos.

—¿Cómo lo hago?

—Voy a decirte lo que hacía en mis reportes directos para la compañía en la que antes trabajaba, con el fin de fomentar las relaciones. Es posible que no sea lo correcto para ti, y el tiempo es factor importante, pero cuando comenzamos la planeación anual, hace un par de años, me reuní con cada persona y conocí sus planes y metas.

"Les decía: "Te ayudaré a ejecutar este plan y alcanzar estas metas, para eso me pagan, pero quiero ayudarte en otras cosas también".

Gracias al silencio que se produjo al otro lado de la línea, Jeff pudo notar que Debbie dudaba.

—La mayoría de la gente se quedaba callada, como tú, sin entender lo que yo decía. Y agregaba: "No sé qué hacer por ti más allá de los planes y metas que acabas de plantear; pero, si me dices lo que te gustaría hacer fuera del trabajo, te ayudaré tanto como pueda".

"Les decía que, en lo personal, me había inspirado en el trabajo de Bobb Biehl, quien me enseñó a ser, hacer, tener y ayudar. Si me decían las cinco cosas que más quisieran ser, hacer, tener y ayudar en su vida, yo haría todo lo que estuviese en mis manos para que pudieran lograrlas.

—¿Te dijeron todo lo que en verdad querían?

—No todos, al menos no al principio. Sin embargo, creo que, al cabo de unos dos años, todos lo hicieron.

—Dame un ejemplo de lo que alguien pondría en su lista.

—Con mucho gusto. Un hombre dijo querer ser un gran padre. Cuando escuché un CD acerca de eso, pensé que podría gustarle y le envié una copia.

"Alguien dijo que quería ir al torneo Masters Golf en Augusta. En apenas unos meses pude conseguirle entradas para el evento.

"Una mujer dijo que quería tener una vida más equilibrada. Analizamos el problema juntos y comenzamos a definir cómo era una vida balanceada desde su perspectiva. Luego identificamos algunas cosas específicas que podíamos hacer para que ella siguiera por ese rumbo, lo que nos brindó algo que monitorear día con día. Hace dos años no trabajo con esa mujer, pero la semana pasada le envié un libro que a mi parecer podría serle útil.

"Por último, un miembro de mi equipo anterior expresó su deseo de ayudar a las personas sin hogar de la ciudad. En ese entonces, tanto yo como el encargado del centro para personas sin hogar del ayuntamiento formábamos parte del consejo de otra compañía, de modo que los presenté.

—Eso fue muy generoso de tu parte —señaló Debbie.

—Quiero dedicar tiempo a conocer la vida de mi personal. No puedo ayudarlos a todos con lo que desean hacer de manera individual, pero puedo hacer algo al respecto. Es una forma de demostrar que valoro las relaciones. ¿Eso responde tu pregunta?

—Sí, gracias. Te veré el próximo jueves.

—¡No puedo esperar!

En cuanto colgó el teléfono, Debbie pensó que la idea de Jill era acertada. *En verdad tengo mucha más libertad de lo que pensaba en el área de las relaciones. En algún punto de la llamada se me ocurrió que debes mantener a tus colaboradores muy cerca en el aspecto emocional. Continuaré trabajando en esto.*

• • •

La siguiente junta con Jeff llegó en un abrir y cerrar de ojos. Lo primero que Jeff quiso saber fue si Debbie había reflexionado sobre la importancia de valorar los resultados y las relaciones con los demás.

—Pienso que no tengo problemas con los resultados, pero aún estoy averiguando cómo valorar las relaciones; intento tomarme el tiempo para construirlas y escuchar mejor. No creo que esté lista para plantear a mi equipo las preguntas de que hablamos por teléfono; tampoco estoy segura de que ellos lo estén. Es probable que comience con Jill para ver cómo funciona. Tal vez en el futuro intentaré hacer preguntas más profundas a todo el equipo.

—Eso es muy sabio. Como te dije, debes esperar hasta que sientas que es el momento adecuado. ¿Sabes? Yo no habría podido llevar a cabo ese ejercicio con mi personal al inicio de mi carrera.

—¿Por qué no?

—Por desgracia era un líder que no servía a los demás, sino a mí mismo. Puedes decidir no hablar con tu personal sobre esto, y tal vez sea lo correcto para ti en ese momento. Sin embargo, en mi caso no era cuestión de tiempo, sino de corazón. Nunca me imaginé hacer ese tipo de preguntas porque la vida no giraba alrededor de los demás..., sino de mí. No estoy orgulloso de ello, pero agradezco la experiencia. Aprendí lecciones impresionantes.

—¿Qué cambió? —preguntó Debbie.

—Yo —contestó Jeff con una sonrisa.

—¿Por qué cambiaste? ¿Qué pasó?

—Alguien vio potencial en mí, invirtió en mi vida y me ayudó a entender que los beneficios de convertirse en un líder que sirve son mayores que los de ser uno que se sirve a sí mismo. Creo que podría decir que tuve un cambio de actitud.

—Gracias por compartir esto conmigo. Siento que también estoy cambiando. Gracias por invertir en mi vida.

—¿Estás lista para el tema de hoy?

—Te refieres a la E, ¿cierto?

> **DEBES GANARTE LA CONFIANZA DE TU GENTE;**
> **SIN ELLA NUNCA SERÁS UN GRAN LÍDER.**

—¿Sabes en qué se basa el verdadero liderazgo?

—No lo sé —confesó Debbie.

—En la confianza.

—¿Confianza? —Debbie no veía la conexión entre la confianza y la letra E—. *Confianza* no empieza con E —protestó.

—Estás en lo correcto. De todas formas, debes ganarte la confianza de tu gente; sin ella nunca serás un gran líder.

—Ésa es una declaración muy fuerte. ¿Significa que, como líder, nunca lograré nada sin la confianza de mi equipo?

—No; significa que el grupo que lideras nunca desarrollará todo su potencial si sus integrantes no confían en ti.

—Bien. Pero ¿qué tiene que ver todo eso con la E?

—La E significa *Expresar los valores*. —Jeff se dirigió al pizarrón y escribió:

Ser capaz de ver el futuro
Involucrar y capacitar a otros
Reinventar constantemente
Valorar los resultados y las relaciones con los demás
Expresar los valores

—Estoy muy confundida. Por favor explícate.

—Claro —continuó Jeff—. El verdadero liderazgo se basa en la confianza. Hay muchas formas de crearla; una de ellas es aplicar en tu vida los valores que promueves. Si digo que los clientes son lo más importante, mis acciones deben reflejarlo; si elijo vivir como si los clientes no fueran importantes, las personas tendrán razón al cuestionar mi credibilidad. Y si a mi personal le parezco poco fiable, no me considerarán un buen líder.

—De acuerdo; creo entender lo que significa expresar los valores. Mi siguiente pregunta es ¿cuáles valores? ¿Son los que citaste en el reporte anual?

—Sí y no. Tengo la esperanza de que todos los líderes de esta compañía comuniquen nuestros valores a su personal y los integren en su área de influencia. Una de las cosas que los grandes líderes hacen es establecer, articular, moldear y aplicar valores fundamentales.

—¿Y por qué respondiste que no?

—En nuestra compañía, expresar los valores es una práctica de liderazgo trascendental, a semejanza de todas las otras prácticas del modelo SIRVE. Para que un líder sea exitoso, debe expresar los valores de su compañía. Así que, si eres líder en la escuela de tu hijo o en tu iglesia, debes hacer tuyos los valores de esa organización en particular. El poder está en la confianza y la credibilidad que construyes, no en un grupo de valores que se consideran los "correctos".

—Eso tiene mucho sentido. Mi conclusión es que debo poner en práctica lo que predico si quiero ganarme y mantener la confianza de mi personal.

—Así es. Por desgracia, la mayoría de las personas no predican con el ejemplo —dijo Jeff con una sonrisa—. Si no expresas los valores, pierdes la oportunidad de moldear la cultura de la compañía y dañas mucho tu liderazgo.

—Creo que lo entiendo.

—¡Bien! ¿Podrías darme un ejemplo?

—Lo intentaré. Uno de nuestros valores es servir a los demás; si no me tomo el tiempo para escuchar a los integrantes de mi equipo, no podré aplicar ese valor, pues al no escuchar estaría sólo sirviéndome a mí misma, no a los demás. Si ese comportamiento continúa, mi credibilidad se irá abajo y, posiblemente, también la confianza de la empresa en mi liderazgo.

Jeff asintió.

—Las personas siguen a los líderes en quienes pueden confiar. Si expresas los valores, puedes comenzar a crear la confianza que necesitas para liderar de manera eficiente.

—¡Gracias! En definitiva, pensaré sobre expresar los valores. ¿Cuál es mi tarea para la próxima junta?

—Tengo algunas preguntas que quiero que consideres. ¿Estás lista?

Debbie asintió; Jeff planteó las siguientes interrogantes:

- ¿Cómo puedes aplicar mejor nuestros valores organizacionales en la forma de operar de tu equipo?
- ¿De qué manera puedes comunicar nuestros valores fundamentales a tu equipo durante los siguiente 30 días?
- ¿Cómo puedes modificar tus actividades diarias para adoptar de mejor manera esos valores en lo personal?

- ¿Cómo puedes reconocer y premiar a quienes expresan esos valores?

—Gracias, Jeff. Una vez más, tengo mucho que pensar.

—Los líderes siempre tienen mucho que pensar, Debbie.

La respuesta de Jeff le dio una idea a Debbie:

—Antes de irme quiero hacerte una pregunta para que pienses en ella de aquí a nuestra siguiente junta.

—¡Genial! —dijo Jeff con una sonrisa—. ¿Cuál es?

—La otra noche John y yo fuimos a una cena; el anfitrión pidió a todos que nombraran dos personas, del pasado o del presente, con quienes les habría gustado cenar algún día. Eso me hizo pensar: ¿qué líderes, actuales o pretéritos, consideras que han aplicado de mejor manera el modelo de SIRVE?

—¡Es una pregunta fascinante! Tendré que pensarlo por un tiempo.

—De acuerdo. Estoy ansiosa por conocer tu respuesta. Nos vemos en unas semanas.

Liderar es servir

Durante las siguientes semanas, Debbie se mostró más entusiasmada con su equipo y con el trabajo que estaban haciendo. Podía ver cómo todo lo que Jeff le estaba enseñando comenzaba a tener sentido. Conforme se acercaba el día de su nueva junta, recordó la pregunta que le había planteado a Jeff al término de la reunión anterior. *Me pregunto qué líder será el que para Jeff ha aplicado de mejor manera los principios de* SIRVE.

El día de la reunión, por la mañana, Debbie se dirigió a la oficina de Jeff con una nueva sensación de optimismo. *He aprendido mucho. Esta asesoría ha sido una gran experiencia.*

Comenzaron hablando de lo que sucedía en su vida cotidiana. Desde el principio, Jeff mostró interés en lo que le ocurría a Debbie, tanto en el trabajo como fuera de él.

De vuelta a los negocios, Jeff preguntó:

—¿Has tenido nuevas ideas desde nuestra última junta?

—Sí, muchas —dijo Debbie con un tono de voz satisfecho.

—¿Podrías decirme algunas?

SI HA DE SUCEDER,
DEPENDERÁ DE MÍ.

—Me he dado cuenta de que las ideas que compartes conmigo ¡sí funcionan! Además, desde que comencé a pensar en vivir de acuerdo con los valores de la compañía, comprendí que, "si ha de suceder, dependerá de mí".

—¡Excelente! —respondió Jeff con entusiasmo.

Debbie continuó.

—No sólo pierdo o gano credibilidad con la forma en la que aplico los valores; también establezco pautas y doy ejemplo a mi equipo. Sólo yo puedo controlar eso; supongo que es parte de ser líder.

—Te entiendo; si tus intenciones son buenas y tus motivos son claros, eso debe ayudarte a poner en práctica los valores. Gracias por compartir conmigo esa reflexión. ¿Hay algo que debamos revisar antes de continuar donde nos quedamos la vez pasada? —preguntó Jeff.

—Creo que no. Vayamos directo a mi última pregunta: ¿quiénes son los líderes (actuales o pretéritos) que mejor han puesto en práctica los principios de SIRVE en su vida cotidiana?

—He reflexionado mucho al respecto —contestó Jeff.

Debbie estaba ansiosa por escuchar la respuesta.

—¿Y? —preguntó.

—Una de las personas en las que pensé fue Nelson Mandela. Ese hombre estuvo encarcelado injustamente casi 28 años; sin embargo, cuando lo liberaron no estaba enojado. Salió con el deseo de servir y ayudar a los demás, e incluso invitó a sus carceleros a la ceremonia que tuvo lugar cuando fue elegido presidente de la Unión Sudafricana. Tenía una visión del futuro, de modo que reunió gente a la que podía capacitar y parecía que siempre estaba aprendiendo, aun en la cárcel. Mandela, sin duda, valoraba a las personas y sus resultados, y también se guiaba por los valores; verdaderamente aplicaba todos sus principios.

—Tienes razón; era un hombre extraordinario —dijo Debbie—. ¿Sabes? Alguien parecido a Mandela con quien me habría gustado platicar algún día es Jimmy Carter. No fue considerado el mejor presidente cuando estuvo en el cargo, pero creo que pasará a la historia como el mejor ex mandatario de todos los tiempos. Creó un gran equipo para construir miles de casas para los pobres mediante la organización Hábitat para la Humanidad, e incluso ganó el Premio Nobel por su trabajo al llevar diálogos de paz a zonas de conflicto en el mundo. Definitivamente, es un modelo de líder generoso y con voluntad de servir.

—Es buen ejemplo —dijo Jeff—. A mí también me habría encantado platicar con él.

—¿Quién más?

—¿Sabes quién me acaba de venir a la mente? Jesús de Nazaret.

—¿En serio?

—Sí. Fue un líder que reunió una docena de personas sin experiencia y las ayudó a convertirse en líderes que mantendrían su legado cuando él ya no estuviera aquí. Cuando la gente le hacía preguntas, sus respuestas siempre expresaban un corazón servicial: "¿Cómo los guías?" "Sirviendo a los demás." "¿Cómo puedo ser el primero?" "Haciéndote servidor de los demás." Incluso dijo que venía a servir, no a que lo sirvieran.

"Jesús representó toda la filosofía del liderazgo de servicio en la Última Cena, en la cual lavó los pies a sus discípulos y les dijo: "Como yo he hecho esto con ustedes, háganlo ustedes también con los demás". Constantemente hablaba del futuro, involucraba a sus seguidores. Asimismo, todo el tiempo alentaba a las personas a cambiar, no sólo ellas, sino a la comunidad. Se preocupaba tanto por la gente como por los resultados, y desde luego era ejemplo de valores.

—Qué interesante —dijo Debbie—. Dudo que mucha gente vea a Jesús como líder; pero, ahora que lo dices, su iglesia se ha mantenido por más de dos milenios. Me pregunto cuántas de las mejores compañías podrían sobrevivir 200 años, ya no digamos 1 000... Jesús es quizá el mejor modelo de líder de servicio de todos los tiempos.

—Creo que sí. ¿Tú qué piensas? ¿Con qué líder del pasado te gustaría platicar?

Debbie lo pensó por un minuto.

—¿Qué tal Martin Luther King? De todos los grandes líderes sobre los que recuerdo haber leído, él tenía una gran visión: el sueño de que algún día la gente no sería juzgada por el color de su piel, sino por su carácter. Fue capaz de ver el futuro, involucrar a otros y ser ejemplo de todas las otras cualidades de que hemos hablado.

—Sí, el doctor King es buena elección.

Debbie se dio cuenta de que la reunión estaba por llegar a su fin.

—¿Habrá preguntas de tarea para esta semana?

—No —respondió Jeff—. Sólo repasa tus notas. En nuestra próxima junta, que será la última, hablaremos sobre lo que hemos visto durante el último año. Lo has hecho bien, así que será una sesión divertida.

Debbie se sintió halagada por el comentario de Jeff, pero al mismo tiempo triste porque sus reuniones iban a terminar.

—Ésta fue una plática interesante —dijo mientras se dirigía a la puerta—. Tan interesante que tendré que investigar más al respecto.

Jeff sonrió y dijo algo que Debbie ya había escuchado:

—Los líderes siempre tienen mucho en que pensar.

Recapitulemos

En los siguientes días, Debbie reflexionó sobre lo que había aprendido en sus juntas con Jeff. Se dio cuenta de que su tiempo con él había tenido profunda repercusión en ella; en verdad había cambiado su punto de vista respecto al liderazgo. Ya no vería éste ni a su equipo de la misma forma.

Los colaboradores de Debbie tenían una nueva energía y entusiasmo que en realidad la asombraban, y su desempeño seguía mejorando. Las metas que habían establecido respecto de conseguir clientes fieles eran algo audaces, pero todos se sentían capaces de alcanzarlas; creían que podían pasar de "peor a mejor". Decidieron que la clave sería doble: primero, lograr niveles inauditos de servicio al cliente; segundo, trabajar juntos como equipo y no de manera individual, como acostumbraban.

Todos esos cambios son resultado de las charlas con Jeff —pensó Debbie—. *Él me impulsó para que me convirtiera en una líder diferente, y eso ha cambiado todo. Creo que es cierto: todo surge en el liderazgo y recae en él.*

Mientras caminaba por el pasillo, se encontró con Charles.

—Iba a buscarte —le dijo—. Quiero agradecerte por toda la ayuda que me has brindado los últimos meses. Las juntas que tuvimos para hablar de mis fortalezas en realidad me pusieron a pensar. Honestamente, aunque disfruté mucho colaborar contigo, en especial ahora, he decidido cambiarme al centro de llamadas.

—¿Estás seguro?

—Sí. Mis fortalezas radican en esa área, no en la gestión de proyectos. Trabajar a tu lado me ayudó a identificar lo que se necesita para ser un buen director de proyectos, y eso no es lo mío. Me voy en dos semanas.

—También disfruté nuestro tiempo juntos —dijo Debbie de manera cordial—. Respeto tu decisión, pero te extrañaré.

—Yo también. Por cierto, hay una mujer fabulosa que me parece perfecta para tomar mi puesto. Creo que tiene cita contigo la próxima semana.

—Gracias por esa labor de reclutamiento —dijo Debbie con una sonrisa.

—Una cosa más: gracias por escucharme.

—¿Escucharte?

—Sí. Te confié gran cantidad de cosas personales durante nuestras juntas. Aprecio que me hayas escuchado.

—Si hay algo en lo que pueda ayudarte, Charles, aun cuando estés en el centro de llamadas, por favor házmelo saber.

Al dar vuelta en la esquina, Debbie se encontró con Jill.

—¡Hola, Deb! ¡Parece que estás trabajando mientras caminas por aquí! —dijo Jill con una gran sonrisa.

—Nunca se es muy viejo para aprender nuevos trucos —respondió Debbie con una carcajada—. Por cierto —agregó—, tu retroalimentación de servicio al cliente y ventas del mes pasado fue sobresaliente.

—Gracias. Así es como iremos de "peor a mejor".

Debbie regresó a su oficina. Hizo espacio en su agenda para analizar las notas de sus juntas con Jeff; mientras lo hacía pensaba en lo útil que era esa revisión. Gracias a ello tenía más claro el modelo SIRVE y, aún más importante, había organizado sus pensamientos para poder transmitir a otros lo que había aprendido.

Cuando acabó su revisión, notó que aún tenía algunas preguntas. A pesar de que la última junta se aproximaba, no entró en pánico: Debbie sabía que siempre podría llamar a Jeff.

• • •

El día de la última junta llegó con rapidez. De nueva cuenta, Debbie y Jeff pasaron los primeros minutos poniéndose al día sobre los asuntos personales y familiares de cada uno. Habían terminado por hacerse buenos amigos. No pasó mucho tiempo antes de que la conversación se tornara hacia el análisis de Debbie del modelo SIRVE.

QUIENES DESEAN SER GRANDES LÍDERES

DEBEN ADOPTAR UNA ACTITUD DE SERVICIO

HACIA LOS DEMÁS.

—Comencé por escribir un resumen de cada componente. ¿Quieres escuchar mi conclusión?

—Sí, por favor.

—Bien, aquí va. La idea principal es que, sin importar su título formal o su posición, quienes desean ser grandes líderes deben adoptar una actitud de servicio hacia los demás. Los líderes pueden encontrar distintas formas de servir a quienes lideran, y siempre deben estar en busca de maneras nuevas y diferentes de hacerlo. Sin embargo, hay al menos cinco formas cruciales en que los líderes deben servir si quieren ser eficientes.

"Primero, han de ser capaces de ver el futuro. Deben contribuir a que su personal entienda hacia dónde se dirigen, así como los beneficios que obtendrán. Todos necesitan saber quiénes son, hacia dónde van y qué los guiará en ese recorrido.

—Es un buen comienzo. ¿Qué sigue?

—La I en SIRVE significa "Involucrar y capacitar a otros". Me dijiste que involucrar es un proceso con dos etapas. La primera es reclutar y seleccionar a las personas correctas para los trabajos correctos, lo que significa conseguir los jugadores adecuados para el equipo. La segunda es hacer lo que sea necesario para involucrar el corazón y la mente de las personas. Me explicaste que, históricamente, a muchos líderes sólo les ha preocupado tener manos que trabajen y nada más. Seguramente de ahí viene el término "mano de obra". Pero debemos obtener más de las personas, no sólo sus manos.

—Eres una gran alumna. ¿Qué más?

—Luego está la R de "Reinventar constantemente". Aquí es donde el valor de la creatividad sale a relucir, pues el líder debe estar dispuesto a reinventarse en al menos tres niveles. El primero es el personal; algunas preguntas clave son: ¿de qué forma aprendo y crezco como líder?, ¿qué hago para alentar a otras personas en mi grupo a que aprendan de manera constante y se reinventen a sí mismas?

"El segundo nivel comprende sistemas y procesos. Debemos preguntarnos a nosotros y a nuestro personal: ¿cómo hacemos el trabajo?, ¿cómo podemos hacerlo mejor?, ¿qué cambios mejorarán nuestra habilidad de servir a los clientes y a cada uno de nosotros?

"Para finalizar, el tercer tipo de reinvención involucra la estructura de la compañía. Una buena pregunta sería: ¿qué cambios estructurales debemos llevar a cabo para ser más eficaces y eficientes? Los líderes siempre deben plantearse interrogantes de ese tipo.

—Continúa —la alentó Jeff.

—La V significa "Valorar los resultados y las relaciones con los demás". Me gustó cómo lo dijiste en el reporte anual: nuestros clientes son primero, y el valor que les damos guía nuestro comportamiento, además de garantizar el éxito continuo.

Jeff agregó al instante:

—Lo que la mayoría de las personas no entiende es que pueden obtener mejores resultados financieros si tienen buenas relaciones. Debemos otorgar igual importancia a las relaciones con nuestros compañeros que a los resultados.

—Comienzo a entenderlo —reconoció Debbie—. Por tradición, enseñamos a las personas las habilidades indispensables para obtener resultados: resolución de problemas, toma de decisiones, entre otras. Sigo esforzándome por construir relaciones y conectarme con las personas mientras las ayudo a mejorar su desempeño de manera continua. He descubierto que valoramos las relaciones cuando escuchamos a las personas, invertimos tiempo en ellas, nos importan y reconocemos sus esfuerzos. Concuerdo con tu resumen, Jeff.

—Liderar en un nivel mayor incluye resultados y relaciones —dijo Jeff con una sonrisa.

Debbie asintió.

—La E significa "Expresar los valores", tarea fundamental y persistente. Si perdemos nuestra credibilidad como líderes, nuestro potencial de liderazgo se verá limitado. Debemos hacer más que sólo articular los valores, aunque creo que eso es muy importante. No sólo hay que decirlo; es necesario hacerlo.

—¿Algo más sobre expresar los valores?

—No; sigo pensándolo. No quiero caer en el error del que me advertiste: ser un líder que no predica con el ejemplo.

—No creo que eso vaya a pasarte —le aseguró Jeff—. Por ahora, lo que debes hacer es encontrar la manera de transmitir lo que sabes a miles de personas — dijo con una sonrisa.

Debbie estaba confundida.

—¿Qué quieres decir con "miles"?

LOS MEJORES MAESTROS SON AQUELLOS
QUE SABEN QUE NO HAN APRENDIDO TODO.

—Quiero que seas la nueva encargada de Desarrollo del Liderazgo de la compañía. Si te gusta la idea, me gustaría que empezaras en dos semanas.

Debbie se desconcertó.

—No lo sé, Jeff. Aún tengo muchas preguntas sobre liderazgo. Además —bromeó—, no me has sometido a las cuatro entrevistas.

—¿Piensas que no cuenta todo el tiempo que hemos pasado juntos durante el año?

—Supongo que sí...

—Sé que aún tienes preguntas, pero eso significa que eres humilde. Los mejores maestros son aquellos que saben que no han aprendido todo.

—Aprecio tu confianza en mí, pero tengo una gran preocupación. ¿Quién se hará cargo de mi equipo?

—Me parece que Jill es buena opción.

Jeff tenía razón; Jill sería una líder fantástica. No obstante, Debbie aún no estaba convencida del todo.

—¿Tengo la credibilidad suficiente para asumir una posición de liderazgo tan importante?

—Tienes todo lo necesario para establecer tu credibilidad. Ayudaste a que tu equipo cambiara y durante tu tiempo en la compañía te han identificado como una persona con gran potencial. Tienes energía, pasión, espíritu dócil y, lo más importante, te convertiste en una líder que sirve. Cuentas con mi apoyo y con el del equipo superior de liderazgo. Esta asignación es una nueva oportunidad en lo que veo como una larga y exitosa carrera.

—Muy bien, ¡lo haré!

—¡Felicidades! —Jeff extendió su mano—. Asistiré a la próxima reunión con tu equipo y haré el anuncio.

Pasar la batuta

A Debbie le estaba yendo muy bien en su nuevo puesto como supervisora de desarrollo del liderazgo. Todas las notas que había tomado en sus reuniones con Jeff conformaron las bases de su programa, y utilizó las preguntas que Jeff le había planteado para diseñar las tareas que la gente podría realizar con miras a poner en práctica los principios del modelo SIRVE en su vida.

Sus antiguos colaboradores no sólo terminaron el año sin ella, sino que pasaron de ser "los peores a los mejores"; pudieron inspirar fidelidad tanto en los vendedores como en los clientes. Debbie se enteró de todo esto cuando su ex equipo la invitó a un evento especial para celebrar sus logros.

Tan pronto como llegó a casa, Debbie le mostró la invitación a John.

—¿Cómo te sientes al saber que lograron esto sin ti? —preguntó él.

—Me siento muy bien —respondió ella con una sonrisa.

—¿Por qué?

—Al servirlos pude ayudarlos a encaminarse hacia el éxito. Siento que su victoria es, en parte, mía.

> **ENCONTRAR UN SUCESOR CAPAZ DE TOMAR TU LUGAR ES EL SELLO DISTINTIVO DE UN GRAN LÍDER.**

—También preparaste a tu sucesora —añadió John.

—Estoy segura de que sí. Jill ha mejorado y ha hecho un trabajo increíble; estoy muy orgullosa.

—¿Sigues reuniéndote con ella?

—Sí; tendremos una junta la próxima semana. Ahora forma parte del programa formal de asesoría y es mi primera asesorada.

—Dicen que ésa es la prueba final del liderazgo.

—¿Cuál?

—Cómo se desempeña tu equipo cuando no estás con él. Encontrar un sucesor capaz de tomar tu lugar es el sello distintivo de un gran líder. En cambio, si tu equipo no puede mejorar sin ti, habrás fracasado en desarrollar nuevos dirigentes.

Al recordar lo que Jeff le había dicho sobre Jesús y la forma como sus discípulos continuaron transmitiendo su mensaje, Debbie tomó las palabras de John como un cumplido.

—Gracias por apoyarme —dijo ella—. Nunca antes había considerado ese aspecto del liderazgo; pensaba que sólo había tenido suerte al contar con Jill para que tomara mi lugar.

—Pudo ser suerte, pero también hiciste muchas cosas para que Jill y el equipo mejoraran sin tu ayuda.

—Gracias. —Debbie abrazó a su esposo—. Tuve un gran equipo que me alentaba siempre.

• • •

Unos días más tarde, era hora de celebrar. Sólo se hablaba del impresionante desempeño del departamento de servicio al cliente de Jill.

Todos estaban listos para el festejo. El salón de fiestas estaba lleno de comida, globos, bebidas e invitados especiales, incluyendo a Tom, el antiguo jefe de Debbie, y Jeff, el presidente de la compañía.

Jill se encontraba al frente y aplaudió para atraer la atención de la gente.

—Sé que todos están ansiosos por probar la comida, pero antes me gustaría decir unas palabras para el equipo. Primero que nada, felicidades por ese gran logro; espero que sea algo que nunca tengamos que repetir. Nunca volveremos a pasar de "los peores a los mejores". ¡No tendremos que volver a hacerlo!

El salón retumbó con un aplauso espontáneo.

—En segundo lugar —continuó Jill—, pudimos alcanzar esa meta gracias a que todos hicieron un excelente trabajo. ¡Ésa es la única razón! El equipo aplicó los valores principales al máximo. Estuvieron ahí para los vendedores y estuvieron al pendiente de los clientes; sirvieron a los demás; fueron un gran ejemplo de cómo debemos trabajar; fueron creativos, muy creativos... Pero no hablemos de eso... —Algunas personas comenzaron a reírse de lo que obviamente era un chiste local—. Basándome en lo anterior, puedo decir que el próximo año será incluso mejor.

De nuevo, la gente aplaudió.

—Para terminar, sabemos que nada de esto habría sido posible sin la ayuda, la dedicación y la constante confianza de una persona muy especial: Debbie Brewster.

En ese momento, todos dedicaron un gran aplauso a Debbie. Era más de lo que ésta había imaginado. Sus ojos se llenaron de lágrimas mientras Jill la animaba a pasar al frente.

Debbie llegó al frente del salón, donde Jill le entregó una placa dorada.

—De parte de todo el equipo, es un placer y un honor entregarte este reconocimiento para agradecer tu increíble liderazgo.

Con ojos llorosos, Debbie leyó lo que estaba grabado en el reconocimiento:

> Todos pueden ser grandes, porque todos pueden servir.
> MARTIN LUTHER KING JR.
>
> *Gracias, Debbie Brewster*
> *por enseñarnos a ser grandes*
> *Por enseñarnos a servir.*

Recursos

LAS NOTAS SECRETAS DE DEBBIE

SER CAPAZ DE VER EL FUTURO
Delinear y comunicar una visión atractiva
del futuro deseado.

El principio detrás de la práctica

• El liderazgo siempre comienza con una visión del futuro que se desea.

Enfoque: Visión.

Preguntas clave

• ¿Qué quiero que la compañía (equipo, grupo) logre? ¿Cómo sería? ¿Cómo mediremos el éxito?
• ¿Qué quiero lograr en el futuro que no se haya conseguido aún?

- ¿Por qué deberían involucrarse otras personas en este futuro deseado?

Atención: Como agua en un balde, la visión se evapora; debe reforzarse de manera constante por medio de la comunicación.

INVOLUCRAR Y CAPACITAR A OTROS
Reclutar y seleccionar a las personas adecuadas
para los trabajos correctos, además de crear un ambiente
donde se involucren de todo corazón con miras
a alcanzar la visión.

Los principios detrás de la práctica

- A medida que el nivel de compromiso aumenta, se incrementa la probabilidad de tener éxito.
- Contribuir al desarrollo de las personas procura grandes beneficios.

Enfoque: Las personas.

Preguntas clave

- En mi contexto, ¿cómo es una persona involucrada?
- En el pasado, ¿qué factores me llevaron a estar 100% involucrada?

- ¿Cuáles de esos factores no están presentes en mis colaboradores?
- ¿Qué necesita hacer mi personal para involucrarse más?
- ¿Cómo puedo ayudar a que mi equipo se desarrolle, como colectividad y de forma individual?

Atención: No todos pueden hacerlo de la misma manera. Las personas tienen necesidades únicas y específicas para involucrarse y desarrollarse.

REINVENTAR CONSTANTEMENTE
Adoptar un enfoque de mejora continua.

El principio detrás de la práctica

- El progreso es imposible sin el cambio.

Enfoque: Mejorar.

Preguntas clave

- Como líder, ¿qué necesito cambiar?
- ¿Cuál debe ser mi enfoque respecto del desarrollo para el siguiente año?
- ¿En qué campo quiero un resultado diferente?
- ¿Qué debe cambiar para hacer ese deseo realidad?

- ¿Qué cambios estructurales podríamos emprender para acelerar el proceso?

Atención: Fracasar al seguir y adoptar nuevas ideas lleva al estancamiento de las personas y de la compañía.

VALORAR LOS RESULTADOS Y LAS RELACIONES CON LOS DEMÁS
Generar resultados positivos y cuantificables, además
de cultivar buenas relaciones con las personas
a las que lideras.

El principio detrás de la práctica

- El éxito final siempre incluye a las personas y el desempeño.

Enfoque: Éxito.

Preguntas clave

- ¿Qué pasa si sobreestimo los resultados? ¿Qué pasa si sobreestimo las relaciones?
- Como líder, ¿prefiero los resultados o las relaciones?
- ¿Cómo puedo compensar el área que no es mi fuerte?
- ¿Cómo puede ayudarme mi equipo en esa área?
- ¿Cuáles serán las consecuencias si no amplío mi definición de éxito?

Atención: Fracasar al valorar resultados y relaciones perjudicará el desempeño a largo plazo.

EXPRESAR LOS VALORES

Vivir conforme a los valores que predicas.

El principio detrás de la práctica

- En su mayor parte, el liderazgo se aprende mediante la observación. En otras palabras, las personas aprenden del ejemplo del líder.

Enfoque: Credibilidad.

Preguntas clave

- ¿Con qué valores o creencias quiero dirigir mi compañía?
- ¿Cómo puedo comunicar esos valores?
- ¿En cuáles necesito trabajar?
- ¿Qué comunican mis acciones?

Atención: Si el líder no pone en práctica los valores, la confianza de sus colaboradores se verá mermada y el líder perderá la oportunidad de dirigir.

Cuestiones a considerar

- ¿Qué aprendí del liderazgo durante esta experiencia?
- ¿Por qué es importante?
- ¿Qué hago con todo lo aprendido?
- ¿Qué estoy dispuesta a hacer el día de hoy para mejorar mi liderazgo?
- ¿Qué puedo poner en práctica esta semana?
- ¿A quién puedo pedir ayuda?

LA ÚLTIMA PREGUNTA

¿Soy una líder que se sirve a sí misma
o que sirve a los demás?

AUTOEVALUACIÓN:
¿ERES UN LÍDER QUE SIRVE A LOS DEMÁS?

Califica cada enunciado con base en la siguiente escala:

5 = Completamente de acuerdo

4 = Parcialmente de acuerdo

3 = Ni de acuerdo ni en desacuerdo

2 = Parcialmente en desacuerdo

1 = Completamente en desacuerdo

SER CAPAZ DE VER EL FUTURO

1. Tengo una visión clara del futuro que deseo. _____

2. De alguna manera comunico esa visión al menos una vez por semana. _____

3. De diferentes maneras comunico esta visión constantemente. _____

4. Mi personal no duda de mi compromiso con esta visión. _____

5. Establecimos parámetros para medir nuestro progreso con base en la visión. _____

6. Con regularidad celebramos logros clave en nuestro desarrollo conforme a la visión. _____

TOTAL: _____

Involucrar y capacitar a otros

1. Seleccionar es la decisión más importante que hago como líder. _____
2. Nuestro proceso de selección es muy riguroso. _____
3. Nuestro personal está 100% comprometido. _____
4. Invierto una parte significativa de mi tiempo en incrementar el nivel de compromiso del personal. _____
5. Me complace la cantidad de tiempo que dedico a ayudar a que otros crezcan y se desarrollen. _____
6. Creo que, cuando las personas crecen, la compañía también lo hace. _____

TOTAL: _____

Reinventar constantemente

1. Pienso que mi éxito como líder depende de mi habilidad para seguir aprendiendo. _____
2. Quiero que mi personal siga mi ejemplo de aprender de manera decidida y a lo largo de la vida. _____

3. Escribí un plan para el crecimiento personal. _____

4. Siempre nos enfocamos en mejorar alguna faceta de nuestra compañía. _____

5. Estoy dispuesto(a) a cambiar nuestra estructura en la medida en que se modifiquen las necesidades de la compañía. _____

6. Entiendo que el progreso casi siempre es precedido por el cambio. _____

TOTAL: _____

Valorar los resultados y las relaciones con los demás

1. Conozco mis preferencias personales; soy consciente de que valoro más los resultados/las relaciones. _____

2. Expliqué esa preferencia a mi personal. _____

3. En mi equipo incluí personas con diferente inclinación. _____

4. Observo de manera regular cómo afecta mi inclinación al lugar de trabajo. _____

5. Siempre busco maneras de compensar mi inclinación. _____

6. Desarrollé una gran capacidad para valorar resultados y relaciones. Dedico tiempo a trabajar en mis relaciones sin dejar de dar resultados. _____

TOTAL: _____

EXPRESAR LOS VALORES

1. Conozco los valores con los que quiero dirigir a mi personal. _____
2. Comparto esos valores con quienes lidero. _____
3. Todos en mi equipo conocen esos valores. _____
4. Siempre busco formas de reforzar esos valores. _____
5. Trabajo con diligencia para predicar con el ejemplo y aplicar esos valores día con día. _____
6. Mi personal puede decir que en verdad aprecio esos valores. _____

TOTAL: _____

El siguiente puntaje te dará idea de qué tan bueno eres en cada uno de los elementos del modelo SIRVE:

25-30   ¡Sobresaliente! Dominas esta área.

20-24   Bueno. Vas por buen camino.

15-19   Promedio. Sigue trabajando.

Por debajo de 15   ¡Ten cuidado! Hay muchas cosas por mejorar.

Preguntas frecuentes sobre *El secreto*

¿Cuál de los cinco principios del modelo SIRVE *es el más difícil de dominar?*

En realidad, la respuesta a esta pregunta depende de tu personalidad, tu temperamento y tus fortalezas. Para algunos líderes, la capacidad de ver el futuro representa el reto principal; otros tendrán mayor dificultad al reinventar constantemente. Sin embargo, durante la última década hemos visto que a más líderes les resulta complicado valorar los resultados y las relaciones, sobre todo debido a sus instintos.

Hay cierta tensión cuando se trata de valorar por igual resultados y relaciones. Prácticamente, todo líder tiene preferencia por unos u otras. Por fortuna, la solución sólo consta de dos pasos:

1) *Conoce cuál es tu preferencia y acéptala.* ¿Eres una persona sociable? En otras palabras, ¿estás conectado con los demás, sientes que trabajas mejor cuando

trabajas con otras personas? Por el contrario, ¿te sientes más satisfecho cuando trabajas en alcanzar tus metas? No trates de cambiar tu preferencia; aprovéchala. Una vez que lo consigas, haz el paso 2.

2) *Equilibra tu preferencia.* Puedes lograrlo de muchas maneras; por ejemplo, incorpora en tu vida gente, sistemas y mecanismos que te ayuden a reforzar las cosas que normalmente no harías.

¿Tengo que dominar los cinco principios para ser un líder eficiente?
Los cinco principios deben estar presentes para que cualquier compañía o equipo pueda sobresalir. Sin embargo, los grandes líderes conocen sus fortalezas y luego tratan de contrarrestar sus debilidades. Por ejemplo, si no tienes la habilidad de visualizar el futuro y anticipar cambios, forma un equipo con alguien que pueda ayudarte. Con un equipo fuerte, podrás compartir las responsabilidades del principio SIRVE.

Pero no te equivoques: sin importar qué tan bueno es tu equipo, tú eres el líder, el responsable de que se apliquen todos los principios.

¿Cuál es el mayor obstáculo que uno debe superar para convertirse en un líder que sirve?
Hay tres obstáculos en el camino para convertirse en un líder que sirve. El primero de ellos es la creencia respecto

de lo que significa liderar. Aunque el modelo de liderazgo autoritario y controlador es anticuado, todavía sigue utilizándose; éste es un gran escollo para muchos líderes.

El segundo obstáculo son las actitudes egoístas, que crean dificultades que impiden liderar usando el máximo potencial. Si pensamos que todo gira en torno a nosotros mismos, nunca nos convertiremos en un líder que sirve.

El tercer y último obstáculo es la falta de habilidades para liderar bien; si estás en esa situación, hay buenas noticias para ti: puedes aprender a ser un líder que sirve. Para ello te serán de utilidad los principios del modelo SIRVE.

Al parecer, ser un líder que sirve sólo tiene que ver con las personas. Mientras la gente esté bien, ¿el principal propósito de un negocio no debería ser hacer dinero, en vez de ayudar a los demás?

No creemos que el propósito de un negocio sean las personas ni hacer dinero, sino ambos.

Los hechos hablan por sí solos. En 2006, Drea Zigarmi, Scott Blanchard y Vicki Essary llevaron a cabo una investigación acerca del impacto de un líder que sirve en el desempeño de una compañía. Para su sorpresa, encontraron que el liderazgo estratégico —que se basa en resultados y ganancias— era un obstáculo para el dinamismo y no tenía tanta influencia en el desempeño como el liderazgo operacional —que se concentra en trabajadores y clientes—. La conclusión es que *las ganancias son la recompensa que obtienes cuando creas un ambiente de trabajo que motive a tus colaboradores, de manera que puedan atender mejor a los clientes.*

Ésa es la ventaja de ser un líder que sirve a los demás: no sólo ayudas a tus trabajadores; también obtienes mejores resultados. Hay más beneficios de ser un líder que sirve, entre ellos mejorar los niveles de confianza, generar mayor sinceridad, mejor ejecución de las cosas, mayor compromiso y lealtad, mayores niveles de retención y una ventaja competitiva.

¿Dónde debo comenzar si quiero poner en práctica las ideas de El secreto?

Te recomendamos empezar con algún aspecto del modelo SIRVE con el que estés familiarizado. Por ejemplo, si eres innovador, esto es, alguien a quien le gusta reinventarse continuamente, haz un esfuerzo por poner en práctica las propuestas del capítulo "¿Cómo podría mejorar?" Una vez que logres aplicar el modelo en tu vida diaria, ve a "Las notas secretas de Debbie" y trabaja cada elemento del modelo respondiendo a la pregunta clave.

¿Cómo puedo fomentar la asesoría en mi compañía?

Depende de tu puesto. Si eres director general, puedes poner en marcha un programa de asesorías; sólo pide al departamento de recursos humanos o a algún grupo de aprendizaje y desarrollo que se encarguen de los detalles.

Si tu intención es ser líder en algún puesto intermedio de la compañía, te invitamos a comenzar con el programa asesor joven y nuevos líderes. No te preocupes si el programa no es oficial; únicamente busca la manera de ayudar a tu asesorado. Tengan varias juntas y deja que la conversación fluya en función de las necesidades y metas de tu asesorado. Continúa buscando oportunidades para apoyarlo; uno nunca sabe: quizá algún día tengas un programa empresarial de asesorías.

Si eres líder joven o aspiras a ser líder, busca un asesor o incluso dos: no esperes a que tu compañía establezca un programa formal. Tus asesores pueden trabajar en otra empresa y pueden ser más jóvenes que tú o tener menos experiencia. Gracias a los avances tecnológicos, en ocasiones los jóvenes son mejores asesores.

Lo único que necesitas es encontrar personas que estén un poco más avanzadas que tú y preguntarles si les gustaría ayudarte. Quizá te sorprenda su buena disposición.

Si estoy seleccionando líderes con base en su carácter y sus habilidades, ¿qué debería buscar en ellos?
Mark acaba de publicar un libro sobre ese tema: *El corazón del liderazgo*. Ahí profundiza en las cinco características del liderazgo que reúnen los dirigentes exitosos: sabiduría, optimismo, disposición para asumir responsabilidades, valor y humildad.

¿Qué sigue después de que todos los líderes entienden el modelo de SIRVE?

Como Ken lo ha repetido por años, cualquier líder y cualquier compañía necesitan un punto de vista sobre el liderazgo; eso es lo que el modelo SIRVE puede aportar a tu compañía, un gran punto de partida. Sin embargo, lo ideal es crear una cultura del liderazgo, el lugar donde habitual y sistemáticamente se desarrollan los líderes —incluso puede producir líderes en exceso—. Para crear esa cultura, comienza por encontrar una definición de liderazgo.

Después de eso, considera los siguientes pasos:

- *Enséñala.* Asegúrate de que todos los líderes, tanto actuales como futuros, conozcan la definición de liderazgo y tengan las habilidades para llevarla a la práctica.
- *Practícala.* La mayoría de los líderes aprenden sobre la marcha; asegúrate de brindarles las oportunidades necesarias para que se conviertan en líderes.
- *Determínala.* Establece criterios para medir el buen liderazgo. Si no puedes medir algo, tampoco puedes controlarlo.
- *Establécela.* La mayoría de las veces el liderazgo se imita en lugar de enseñarse. Tú y tus líderes deben adoptar las conductas deseadas. Si quieres fomentar una cultura de líderes que sirven, ¡debes poner el ejemplo!

¿De qué manera se relacionan las ideas de este libro con los escritos de Robert Greenleaf acerca del liderazgo de servicio?

Desde hace tiempo admiramos el trabajo de Robert Greenleaf, el padre moderno del liderazgo de servicio; sin embargo, éste es concepto antiguo. Hace dos milenios, el liderazgo de servicio era la filosofía de Jesús, quien fue el claro ejemplo de un líder que sirve. Mahatma Gandhi, Martin Luther King Jr. y Nelson Mandela son los representantes más recientes de esa filosofía.

¿Cuál es la relación entre este libro y el que Rhonda Byrne publicó en 2006, también llamado El secreto*?*
No existe ninguna relación. El libro de Byrne, que apareció dos años después que el de nosotros, es una obra de autoayuda y desarrollo personal, no sobre liderazgo.

Agradecimientos

En primer lugar queremos agradecer a las personas que nos ayudaron a crear el modelo SIRVE para la compañía Chick-fil-A: Lee Burn, Mark Conklin, Cynthia Cornog, Phil Orazi y Tim Tassopoulos. Su vision, diligencia y trabajo duro fueron el motor de este libro. ¡Gracias!

También queremos destacar que Truett Cathy, Jimmy Collins y otros líderes de Chick-fil-A han puesto en práctica los principios de este libro por décadas. Ellos han ayudado a una gran cantidad de futuros líderes. Sus historias son testimonios que dan validez a lo que has leído en estas páginas. Gracias por enseñarnos a todos cómo SERVIR.

De igual forma, agradecemos a Donna Miller, Fran Plunkett, Steve Gottry y Martha Lawrence por sus grandes esfuerzos y paciencia durante el proceso de edición, corrección y reescritura de algunos borradores. Merecen gran parte del crédito por la claridad del producto final.

Asimismo, queremos mencionar a algunas de las personas que hicieron comentarios y sugerencias en las numerosas versiones de la obra. Gracias a Greg Anderson, Dick Bowley, Bill Dunphy, Jim Fallon, George Flury, Debbie Goins, Nathan Hightower, Thomas Hofler, Jay Kimsey, Rob Martin, Tim Miller, Sonny Newton, Barry Odom, Lee Ross y Beau Sides.

Gran cantidad de escritores y pensadores han abordado muchos de los temas que se tratan en este libro. Al hacerlo, nos ayudaron a pulir nuestro trabajo; entre las personas a quienes queremos agradecer están Warren Bennis, Bobb Biehl, Sheldon Bowles, Marcus Buckingham, Peter F. Drucker, Robert Greenleaf, Phil Hodges, Bill Hybels, Spencer Johnson, John Maxwell, Michael O'Connor, Andy Stanley, Jesse Stoner y Drea Zigarmi.

También colaboraron en este proyecto los asistentes de producción James Gottry, Linda Purdy, Ginny Van Der Geest y Sjaak Van Der Geest, así como Margery Allen y Anna Espino, manos derechas de Ken.

Por último, queremos agradecer a la gente de todo el mundo que cree en una forma más elevada de liderazgo, aquel que no depende del poder que tengas ni de la posición en la que estés, sino que nace de un corazón que desea servir. Ustedes son una inspiración para quienes se encuentran a su alrededor.

¡Gracias!

Sobre los autores

KEN BLANCHARD

 Poca gente ha influido en el manejo de personas y compañías como Ken Blanchard. Autor destacado, sociable y popular, conferencista y consultor empresarial, el doctor Blanchard es descrito por amigos, colegas y clientes como una de las personas más perspicaces, poderosas y compasivas del mundo empresarial actual.

De su extraordinario *best-seller*, *El ejecutivo al minuto* (en coautoría con Spencer Johnson), que ha vendido más de 13 millones de ejemplares y continúa en la lista de los libros más vendidos, a los títulos que ha escrito en colaboración con increíbles profesionales, la influencia que ha logrado Ken es extraordinaria y de gran alcance. Actualmente se desempeña como director espiritual de las Compañías Ken Blanchard y es capacitador internacional; tiene una compañía de consultoría que él y su esposa, la doctora Marjorie Blanchard, fundaron en 1979 en San Diego, California. También es catedrático invitado en su alma máter, la Universidad Cornell, donde es albacea emérito del consejo directivo. Desde hace más de medio siglo, Ken y su esposa viven en San Diego. Su hijo Scott, su nuera Madeline, su hija Debbie y el hermano de Margie, Tom, tienen una posición importante en las Compañías Ken Blanchard.

MARK MILLER

Mark comenzó a escribir hace una década, cuando tuvo la oportunidad de colaborar con Ken Blanchard en la creación de *El secreto: lo que los grandes líderes saben y hacen*. En 2011 publicó *El secreto de los equipos*, donde describe las características principales que permiten a un equipo superar a otros. Su siguiente obra fue *Los grandes líderes crecen: conviértete en un líder para toda la vida*, publicada en 2011. Su más reciente título, *El corazón del liderazgo*, vio la luz en otoño de 2013. Con más de 600 000 ejemplares vendidos de sus libros, Mark se siente sorprendido por la respuesta del público y está encantado de servir a los líderes mediante su obra.

Además de escribir, a Mark le encanta hablar con los líderes. Ha viajado por todo el mundo dando cursos en diferentes compañías internacionales. Siempre aborda el mismo tema: animar y preparar líderes.

Mark también vende pollo; en 1977 inició su carrera en Chick-fil-A, trabajando por horas, y en 1978 se unió al personal corporativo en el almacén y la correspondencia. Desde entonces ha fortalecido el liderazgo en las áreas de comunicación corporativa, operaciones de campo, satisfacción del cliente y calidad, y capacitación y desarrollo. Hoy en día es el vicepresidente de eficacia organizativa. Durante su tiempo en Chick-fil-A las ventas anuales han aumentado cerca de 5 000 millones de dólares y la compañía tiene más de 1 700 restaurantes en 39 estados y en el Distrito de Columbia.

Desde hace más de tres décadas Mark ha estado casado con Dona, su novia de la secundaria; tienen dos hijos, una cuñada y un perro llamado Jackson. Mark tiene una agenda muy ocupada y lleva una vida activa. Se esfuerza por mantenerse en forma y lo apasiona la fotografía; de hecho, ha tenido el privilegio de fotografiar algunos de los lugares del mundo más difíciles de alcanzar, como el Kilimanjaro, el campo base del Everest, la Antártida y las selvas de Ruanda.

Servicios disponibles

Las Compañías Ken Blanchard son líderes globales en capacitación, productividad, desempeño y liderazgo; son famosas por su programa Situational Leadership II (SLII), el modelo de liderazgo más difundido en el mundo. Debido a su capacidad para ayudar a la gente a sobresalir como líderes, SLII ha sido incorporado a la lista Fortuna 500, al igual que otras pequeñas y medianas empresas, gobiernos y organizaciones educativas y sin fines de lucro.

Los programas Blanchard, basados en la convicción de que la gente es la clave para alcanzar objetivos estratégicos y obtener resultados, desarrollan excelencia en el liderazgo y en los equipos de trabajo, así como lealtad del cliente, gestión de cambio y mejora del desempeño. Las investigaciones de la compañía apuntan a la creación de los mejores métodos para perfeccionar las condiciones de trabajo, mientras que sus instructores y capacitadores de clase mundial conducen al cambio organizacional y de conducta en todos los niveles y ayudan a las personas a transitar de "aprender" a "hacer".

Expertos en liderazgo de las Compañías Ken Blanchard están disponibles para impartir talleres, consultorías y conferencias sobre temas de desarrollo organizacional, rendimiento laboral y tendencias empresariales.

SEDE

Compañías Ken Blanchard

125 State Place

Escondido, CA 92029

www.kenblanchard.com

1-800-728-6000 desde los Estados Unidos de América

1-760-489-5005 del resto del mundo

CONFERENCISTAS

Los conferencistas de Blanchard ofrecen visiones de liderazgo permanentes para todo tipo de eventos empresariales, como reuniones corporativas y ceremonias, conferencias, reuniones de ventas, conferencias industriales y retiros ejecutivos. Nuestra red de oradores profesionales está entre las mejores del mundo en motivar audiencias y lograr elevados niveles de compromiso y entusiasmo.

Los temas de los conferencistas son:

- Asesoramiento
- Lealtad del cliente

- Compromiso de los empleados
- Liderazgo
- Motivación e inspiración
- Cambio organizacional
- Liderazgo del sector público
- Las mujeres como líderes

Para contratar a Ken Blanchard o a cualquier otro conferencista de la compañía para su próximo evento, llama a los siguientes números:

Estados Unidos de América: 1-800-728-6052

Reino Unido: 1-44-1483-456300

Canadá: 1-800-665-5023

Resto del mundo: 1-760-489-5005

O visita nuestra página:
www.kenblanchard.com/speakers
para más información y para contratar
a nuestros conferencistas.

ÚNETE A NUESTRA COMUNIDAD EN LÍNEA

Visita el canal de Blanchard en YouTube
Ve a los líderes de las Compañías Ken Blanchard en acción. Suscríbete al canal y recibirás notificaciones cuando haya un nuevo video.

Únete al club de fans Blanchard en Facebook
Sé parte de nuestro exclusivo grupo y dale "me gusta" a la página de Ken Blanchard en Facebook. Conoce a más seguidores de Ken y de sus libros. Accede a videos, fotos e incluso recibe invitaciones para eventos especiales.

Conversa con Ken Blanchard
El blog de Blanchard, HowWeLead.org, fue creado para inspirar cambios positivos. Es un sitio público dedicado a temas relacionados con el liderazgo que conciernen a todos. Neutral y laico, este sitio no solicita ni acepta donaciones; es una red social donde conocerás personas que verdaderamente se preocupan por desarrollar un liderazgo responsable. Y es un lugar donde a Ken le gustaría escuchar tu opinión.

Actualizaciones de Ken en Twitter
Recibe mensajes y reflexiones de Ken, descubre a qué eventos asiste o qué es lo que piensa: @kenblanchard.

Comunícate con Mark Miller
Lee el blog de Mark y encuentra recursos en GreatLeadersServe.org.
Comunícate con Mark en Twitter: @LeadersServe.
Sigue a Mark en Facebook: Great Leaders Serve